Zeitrauschen

Alf Glocker

Copyright by Alf Glocker, Kirchbergstraße 16, 86157 Augsburg
Herstellung: Libri Books on Demand
ISBN 3 – 8311 – 0073 - X

Ein lustiges Vorwort

Bis zum Ausgang des 20 Jahrhunderts hat es die Menschheit – und allen voran die westliche Zivilisation – geschafft, die Welt in Ordnung zu bringen. Fast alle Ressourcen werden ausgebeutet, nahezu alle Menschen streben vorrangig nach dem Glück, das sie materiellen Wohlstand nennen. Das ist und bleibt das höchste Ideal aller. Und alle möglichen Systeme sind schon ausgetestet worden: Die Grenzen stehen fest!

Nach mehreren tausend Jahren philosophischer, gesellschaftlicher, religiöser und politischer Irrtümer glauben wir es nun geschafft zu haben. Die Zukunft steht scheinbar mit ausgebreiteten Armen lächelnd vor uns und nichts mehr – so glauben wenigstens viele – wird uns auf unserem Weg noch aufhalten können. Auf einem Weg, der uns nicht nur die Gleichberechtigung sämtlicher Menschen auf dieser Erde, sondern auch die Eroberung des Weltraums ermöglichen soll.

Aber wer das nur allzu gerne glauben möchte, der sollte sich auch einmal aus eigenem Antrieb heraus selbst fragen, ob sein so hoffnungsvolles Weltbild mit der Realiät übereinstimmen kann. Könnte es nicht vielmehr diesem beruhigenden Gefühl entsprungen sein, das unserer allerorts herrschenden und stets laut propagierten Ordnung zu Grunde liegt?

Sicher, die Technik, welche durchaus auch in der Lage ist, uns aufs äußerste zu beunruhigen, schafft eine Menge Freiräume, derer sich Menschen früherer Generationen nicht bedienen konnten. Sie schränkt – zumindest in den reicheren Ländern – die Geburtenrate ein und verlängert somit auch den Zustand der Ungebundenheit für das Individuum. Sie läßt uns große Distanzen (nicht immer so gefahrlos wie propagiert) überwinden. Sie ermöglicht uns eine manchmal schon perfekte Regelung und Überwachung des Straßen- Schiffs- oder Luftverkehrs. Sie hilft bei der Eintreibung von Steuern (und dem der viel Geld besitzt hilft sie, weniger davon bezahlen zu müssen), auch Verbrecher läßt sie uns leichter ausfindig machen. Kurz: sie hilft bei der Errichtung eines, sicher einmal lükkenlos funktionierenden, Organisationsmechanismus, dessen sich die Machthaber künftiger Generationen bedienen können.

Diesen durchaus beunruhigend wirkenden Entwicklungen, steht, wie eine Gottessegnung, scheinbar unser Schulsystem gegenüber, das, wie wir ganz unbefangen vermuten, sämtliche Gefahren an der Front der Ideologien und der Technologien im Keim erstickt.

Und tatsächlich – bei genauem Hinsehen dürfen wir feststellen, daß tatsächlich viele der Gefahren erstickt werden. Boshaften Zeitgenossen fallen zwei davon sofort ein, wenn sie an den modernen Schulbetrieb denken: Phantasie und eigenständige Persönlichkeit. Wir Vernünftigen können ihnen natürlich entgegenhalten die reine Orientierung am Notendurchschnitt und das Verbot gültige Lehrsätze in Frage zu stellen seien unbedingt notwendig um eine wilde Ausuferung jugendlichen Verstandes in den Bereich schädlicher Motivationen und eine Entgleisung in die Pflichtvergessenheit zu verhindern. Aber die zu allen Zeiten vorhanden gewesenen – und sicherlich auch heute noch in der Verborgenheit operierenden – umstürzlerischen Geister (wie beispielsweise Martin Luther, Mahatma Ghandi oder auch Albert Einstein) untergraben nach wie vor den festen Boden unserer Zivilisation.

Allen Pessimisten sei jedoch an dieser Stelle gesagt: Das ist heute weit weniger ein Grund zur Panik als in früheren Jahren. Denn, wie schon eingangs erwähnt, ist es uns gelungen uns mit der Zeit immer besser abzusichern. Das wird schon allein daraus ersichtlich, daß wer ein Automobil führen möchte auch eine entsprechende Lizenz dafür braucht. Ebenso steht es mit dem Unterricht. Ein alter, griechischer Philosoph hätte bei uns keine Chance mehr für seine Kapriolen, denn die meisten alten griechischen Philosophen hatten ja weder ein Examen noch die nötigen Titel für eine bezahlte Tätigkeit im hochgeschätzten und ehrwürdigen Lehramt. Wir sehen also, daß wir zu fast allem, was wir tun möchten, heute schon eine Genehmigung brauchen, wenn wir die Öffentlichkeit mit dem Ergebnis unseres Tuns konfrontieren möchten (ausgenommen davon ist vielleicht nur noch die Fortpflanzung).

Demgegenüber untersteht das Denken zwar nicht ausdrücklich der Strafverfolgung, es ist jedoch verpönt, wenn keine ausdrückliche Erlaubnisbescheinigung dafür existiert. Und das verdanken wir nicht zuletzt unserem ausgeklügelten Ordnungssystem, das uns vor allem bei der Beschaffung aller nötigen Mittel für unseren, in der Tat unerläßlichen, Wohlstand behilflich ist. Genauer gesagt heißt das: Wer sich vorschriftsmäßig unseres Ordnungssystems bedient und sich in anerkannter Weise die Erfolgsleiter heraufdient, kann ohne weiteres anerkannt werden. Daß er dabei kleinere (oder eventuell sogar größere) Schwächen dieses Vehikels in Kauf nehmen muß, wird nicht nur gerne gesehen, nein, das wird sogar ausdrücklich verlangt um Schaden von der Gesellschaft abzuwenden. Als ein frühes Beispiel dafür mag uns der „Fall Gallileo Gallilei" gelten, der wie wir alle wissen, leider nur knapp seiner Verbrennung entging.

Heute, so mag nun mancher folgerichtig argumentieren, ist solch ein Schicksal völlig ausgeschlossen und damit hätte mancher auch recht. Denn wer sich heutzutage erfrecht anerkannte Wege zu verlassen, der wird nicht mehr auffällig verfolgt, der wird dezent belächelt. Seine Thesen sehen sich bereits im Vorfeld jeglicher öffentlicher Diskussionen als verworfen und regelrecht, oder regelgerecht, ignoriert. Und damit geschieht ihm völlig recht!

Bringt er uns nicht alle in Gefahr – auf der Suche nach unserem hochverdienten Wohlstand, der uns antreibt von Glück erfüllte Nester zu bauen, der uns beflügelt harte Arbeit für uns und unsere Lieben zu leisten und diesen Wohlstand durch raffinierte Konventionen zu sichern?

Damit ist unzweifelhaft offenbar geworden wie sehr wir uns letztendlich weiterentwickelt haben. Aus dem Homo erectus (dem aufrecht gehenden Menschen) ist der Homo sapiens (der vernunftbegabte Mensch) geworden und aus dem schließlich der Spezialist, die höchste nur mögliche Lebensform im Universum!

Endlich, endlich scheint es uns gelungen die Eigenmächtigkeit der aus natürlichen Vorkommen der Lebensfreude sprießenden Schaffensgelüste phantasietrunkener Idioten (griechich für: Außenseiter) zu unterdrücken und eine feste Ordnung über ihre Köpfe zu setzen.

Möge es uns weiter gelingen, das, zweifellos benötigte, genehmigte Gedankengut so unangefochten zu etablieren, daß Widersprüche von Außenseitern nicht nur unerwünscht sind, sondern de facto unter Strafe gestellt werden können. Erst dann werden wir in unserem Glauben sicher sein und in Treue fest an eine Zukunft glauben dürfen, die wir uns selbst durch den Gebrauch von rosa Brillen nicht schöner ausmalen könnten.

An alle verderbten Charaktere, die jetzt noch übrig geblieben sind, sei jedoch diese Botschaft gerichtet: Wer es wagt, sich wahrlich gewissenhaft in eine Lektüre zu vertiefen, die ihn in die Abgründe moralischer Unvollkommenheit, also direkt vorbei an allen anerkannten Glaubensdogmen unserer Wissenschaft führen wird, dem wird die nun folgende Lektüre wärmstens empfohlen.

Aber Vorsicht! Dieser Weg muß auf eigene Gefahr hin und mit eigenem Forscherdrang beschritten werden. Eine Unterstützung von seiten der etablierten Geisteswelt ist leider unmöglich.

Viel Spaß dabei!!

Inhaltsverzeichnis

Teil 1

Die Urkraft des Universums

Einführung/Grundlagen
Neuheiten/Beispiele

Teil 2

Die Zeitwalze

Spekulationen/Schlußfolgerungen
Anregungen/Aussichten

1.
Teil

Die Urkraft des Universums

Unsere Erde ist ein schöner Stern - und sie ist der Mittelpunkt des Universums! Letzteres behaupten jedenfalls ein paar alte Religionen. Diese Ansicht scheint längst überholt. Geradezu vermessen könnte man sagen. Doch was wäre der „Sinn" ohne sein Gegenstück, den „Unsinn"?

Gerade in letzter Zeit hat der Sinn im Unsinn wieder durch Himmelsbeobachtungen eine neue und vielleicht unerwartete Bedeutung erhalten. Teleskope mit noch nie dagewesener Präzision ermöglichen dem aufmerksamen Betrachter die Erstellung eines nahezu unglaublichen - und womöglich teilweise schon altbekannten -Weltbildes.

Letzte Forschungsergebnisse haben zum Beispiel bestätigt, daß sich alle anderen Galaxien von unserer Galaxis (Milchstraße), deren winziger Bestandteil unsere Erde ist, entfernen. Pauschal formuliert bewegen sich also fast alle Sterne von dem unseren fort (erstmals beobachtet von Edwin Hubble, 1929).

Wie heute fast jeder weiß ist ein Blick in den Weltraum ein Blick in die Vergangenheit. Warum? Nun, das Licht, welches uns beispielsweise vom nächsten Fixstern, Spiralnebel etc., erreicht ist, bis es bei uns ankommt eine gewisse Zeit unterwegs. Meist hat diese Zeit so lange gedauert, daß wir sie in Kilometern kaum noch aufschreiben können. Deshalb nehmen wir einfach die Zeit selbst als Maßeinheit her und sagen: Das Licht war von dem betreffenden Objekt soundsolange unterwegs. Von der Sonne bis zu uns ist es zwar nur 8 Minuten unterwegs, aber das bedeutet, daß wir ein etwaiges verlöschen der Sonne erst 8 Minuten nach dem tatsächlichen Ereignis bemerken würden. Wir sehen also die Sonne nicht wie sie im Augenblick ist, sondern wie sie vor 8 Minuten war. Sollte eines „Tages" Alpha Centauri verschwinden (das ist, nach unserer Sonne, der nächste Fixstern), dann würde uns das nach 4 Jahren auffallen. Eine „Auflösung" des Andromeda Nebels (das ist die nächste Galaxis nach unserer Milchstraße) könnten wir sogar erst nach 2 Millionen Jahren registrieren. Und dabei gibt es Sterne und Sternsysteme, die noch viel weiter von uns entfernt sind. Diese bezeichnen wir notgedrungen als „sehr jung", da wir nur einen ihrer weit zurückliegenden Zustände ausmachen können. Ihr momentaner Zustand bleibt uns natürlich verborgen, da es kein „Fernglas" gibt, das uns einen so weit entfernten Gegenstand einfach innerhalb unserer Gegenwart heraus vergrößern kann (Gegenstände im Weltraum können eben nur von uns, in unserem Lebensbereich, wahrgenommen werden, wenn sie physikalisch meßbare Signale aussenden, die sich um sie herum verbreiten - und diese Signale können wir erkennen, nicht den Gegenstand selbst).

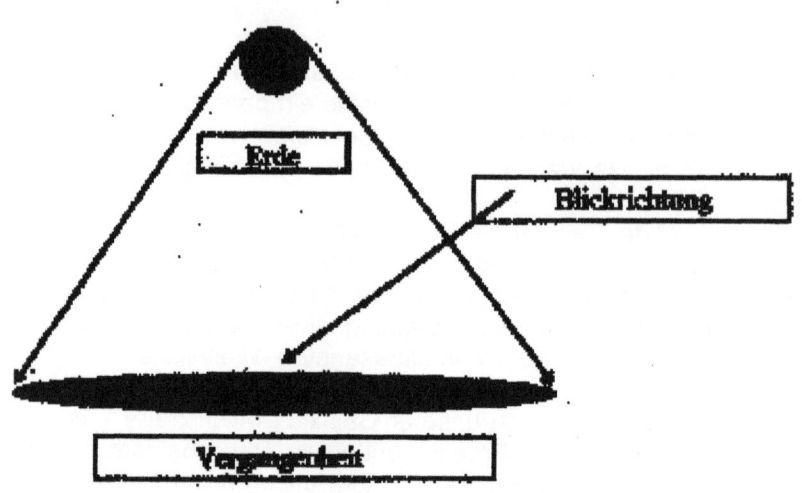

2

Hier drängt sich wahrscheinlich beim aufmerksamen Betrachter zum ersten Mal der Gedanke, alles Existierende beruhe auf einer Illusion, in den Vordergrund. Gleichwohl könnte, wer Mut hat, nun weiter fragen: Wie lange ist das Licht von der am weitesten von uns entfernten Lichtquelle bis hierher unterwegs? - und was liegt dahinter? Würde dieser mutige Mensch dann - sofern er eine Antwort erhielte - erfahren wo der „Rand" des Weltalls liegt?

Ptolemäus glaubte im zweiten Jahrhundert nach Chr. noch an eine natürliche Grenze des Universums. Aber schon Kopernikus zweifelte dies um 1514 an. Was dachte er dabei? - Versuchen wir es auch einmal, das Denken. Beginnen wir - nein, nicht zu rechnen - damit uns eine Vorstellung zu machen........

Da haben wir also zunächst unsere Erde, eine Kugel. Diese Kugel kreist um die Sonne. Zusammen mit den anderen Planeten bildet sie ein Sonnensystem. Viele Sonnen zusammen ergeben eine Galaxis, wie zum Beispiel unsere Milchstraße. In einiger Entfernung um die Milchstraße herum schweben weitere Galaxien, die allerdings immer ursprünglicher werden, je weiter sie von uns entfernt sind. Wenn die Galaxien „aufhören" stoßen wir auf Quasare, die Vorstufen von Galaxien. Und nach den Quasaren müßte sich dann eigentlich irgendwo der Urknall befinden: selbstverständlich in jeder Richtung um uns herum! Wie logisch und wie unsinnig zugleich erscheint aber der Schluß, der Urknall habe um uns herum stattgefunden. War es ein Urknall der nach innen explodiert (implodiert) ist? Und wenn ja, von wo aus?

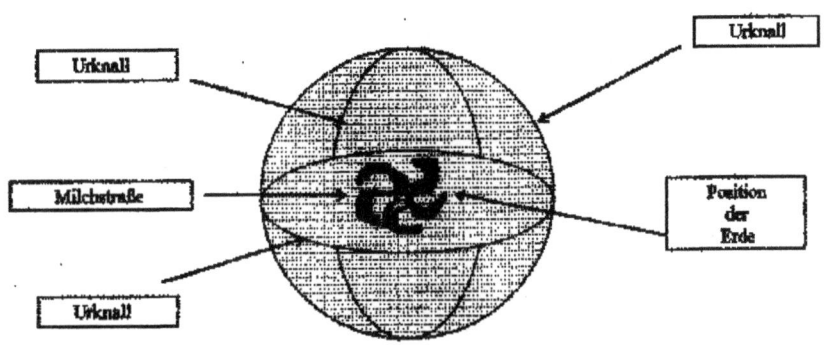

Vielleicht betrachten wir das Ganze im Augenblick nicht objektiv genug. Vergessen wir nicht, daß der Betrachter eine nicht unwesentliche Rolle spielt. Vielleicht ist, was ist, nur vom Betrachter aus gesehen, wie es ist. Was wäre denn, wenn der Betrachter nur auf dem Planeten einer anderen Galaxis befände, oder sogar in der Nähe eines Quasars. Hätte er dann nicht vielleicht genau den gleichen Eindruck wie hier?. Nämlich den, daß von seiner momentanen Warte aus, nach außen hin alles jünger würde? Höchstwahrscheinlich! Was aber ist dafür verantwortlich? Welche Urkraft macht den Raum so anschaulich?

3

Nach Newton gibt es keinen absoluten Ruhepunkt im Universum........ Bedeutet das nicht auch, daß es jederzeit einer Veränderung unterworfen ist? Aber inwieweit hängen diese Veränderungen mit der Zeit zusammen?
Vergleichen wir die Zeit einmal mit einem fahrenden Zug. Das ist am einfachsten. Jetzt lassen wir in diesem Zug einen Ball auf- und ab hüpfen. Zur weiteren Betrachtung postieren wir uns dann wieder außerhalb dieses (gläsernen) Zuges. Und sofort erkennen wir, daß

der Ball - geographisch gesehen - niemals einen Punkt zweimal berühren kann. Er bewegt sich nicht vertikal, sondern zickzackförmig, in Schrägen, auf und ab - von einem (Zeit-) Punkt zum anderen.

Für den Erhalt weiterer schlüssiger Antworten stellen wir uns nun am besten ein neues (zugegeben etwas komplizierteres) Bild vor: Diesmal hat ein unsichtbarer, Zug alle, vorkommenden Ereignisse (inklusive ihrer Betrachter) dabei und er fährt durch das ganze Universum. Umbenannt würde er jetzt ganz einfach „Zeitablauf" heißen. An dieser Stelle wird eine ganz und gar kuriose Frage notwendig: Was geschähe, wenn der Zug anhielte, wenn er stillstünde? Richtig - nichts mehr! Alles Existierende gliche einer Filmrolle im Ruhezustand. Doch die absolute Ruhe ist der Tod. Von einem fiktiven „Außen" (außerhalb des Universums) betrachtet könnten wir - mit etwas Phantasie - lediglich Einzelbilder des Filmes sehen. Auf diesen Einzelbildern sähen wir alle Bestandteile der Schöpfung völlig erstarrt, unfähig jeder Bewegung. Ist folglich die Zeit das wesentliche Grundelement des Lebens?

Während ich dies hier schreibe vergeht Zeit - verginge sie nicht schriebe ich nicht. Keiner von uns wäre je geboren worden ohne die Zeit. Zeit ist Leben! Und das Leben besteht offenbar aus Bildern, die sich **chronologisch** aneinanderreihen. Je weiter ein bestimmtes durchlebtes, Bild hinter uns liegt (anders formuliert: von uns entfernt ist), desto mehr Zeit ist vergangen. Man könnte also auch sagen: Die Zeit ist der Ursprung aller physikalisch wahrnehmbaren Dinge. Sie ist die erste (entstandene) Dimension. In ihr enthalten sind andere Dimensionen. Sie lauten: Die zweite Dimension = Länge, die dritte Dimension = Breite und die vierte Dimension = Höhe (oder Tiefe). In all diesen Dimensionen wirkt die Zeit verändernd, weil sie „vergeht", oder etwas humaner formuliert: „abläuft".

Gibt es dem gegenüber einen Ort an dem keine Zeit vergeht oder abläuft - an dem keine Zeit **ist**? Kann es einen solchen Ort überhaupt geben? Wenn ja, dann müßte es schon ein ganz extremer Ort sein, ein Ort, an dem sämtliche, im Universum geltenden Bedingungen außer Kraft gesetzt wären. Liegt dieser Ort vielleicht außerhalb des Universums? Und wenn ja, wo sollte das überhaupt sein?

Laut Einstein ist der Weltraum eine in sich geschlossene Gerade, ein Kontinuum, in welchem das Licht durch Gravitation gekrümmt wird. Diese Behauptung schließt ein „Außerhalb des Universums" schon beinahe aus. Um diesen Schritt, innerhalb der Evolution der Physik zu begreifen und um ihn sinnvoll in weiterführende Überlegungen einbeziehen zu können, müssen wir jetzt etwas ganz und gar Unmögliches tun: Versuchen wir **ohne Licht** in den Raum zu blicken. Alles was auf der Höhe der Gegenwart liegt können wir nun ansteuern. Und als Transportmittel nehmen wir einfach die Gedanken. So ist es uns möglich mit der größten erreichbaren Geschwindigkeit zu reisen. Nennen wir diese Reisegeschwindigkeit einmal die „Geschwindigkeit 0", weil wir mit ihrer Hilfe keinen Zeitverlust erleiden. Wir hüpfen von Himmelskörper zu Himmelskörper. Wir passieren alles was auf unserer Ebene liegt und kehren schließlich - immer geradeaus unterwegs - zu uns selbst zurück. Kurz vor unserer Ankunft sehen wir vielleicht noch das Ziel, unseren Rücken aufblitzen. Auf diese Art klüger geworden stellen wir fest, daß wir getan haben was Einstein vorausgesagt hat - allerdings **ohne** Licht. Denn, hätten wir uns, mit Gedankengeschwindigkeit, entlang der Lichtstrahlen bewegt, wären wir einem - von uns aus gesehen - sich ständig verändernden Universum begegnet: Die Objekte wären immer jünger geworden und wir wären weit vor unserer Geburt gelandet (in einer, für unseren gegenwärtigen Zustand, lebensfeindlichen Welt).

Abschließend zu diesem Thema könnten wir vielleicht noch sagen, daß wir, wenn es uns gelänge ohne Licht zu reisen, „horizontal" fahren würden, wogegen wir uns - das uns umgebende Licht in Rechnung ziehend - abwärts (also „vertikal"), in die Vergangenheit bewegten. Wo es jedoch ein „Abwärts gibt, da müßte es eigentlich auch ein „Aufwärts" geben. Und hier beginnt sich etwas anzudeuten: Der Vergleich eines mehrdimensionalen Denkens in Zeit und Raum.

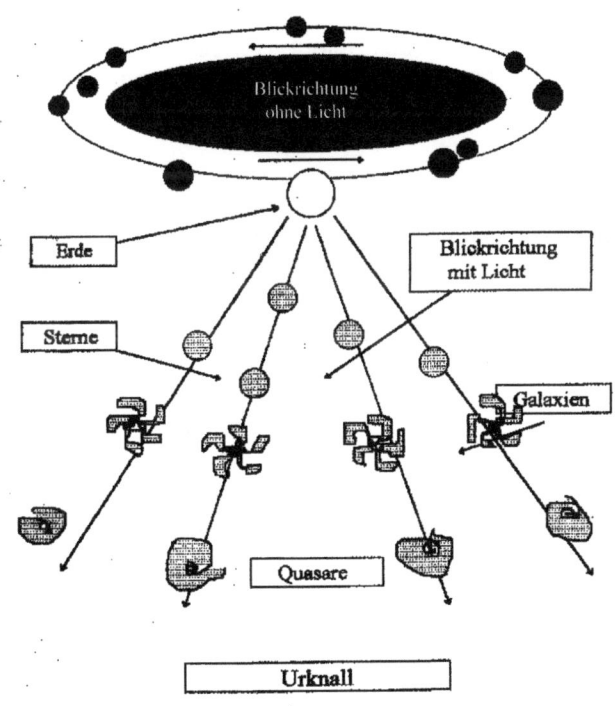

Trotz aller unserer bisheriger Bemühungen, haben wir den Ort, an dem das Universum zuende ist noch nicht wirklich gefunden. Und das obwohl wir ihm schon einmal ziemlich nahe gekommen sind. Um ihn nun tatsächlich ausfindig zu machen, gehen wir am besten gleich in unsere „nächste Umgebung". Folgen wir also dem Licht und passen auf wann es verschwindet. Dabei geraten wir zwangsläufig an den, bereits erwähnten, Ort an dem sämtliche gültige Bedingungen außer Kraft gesetzt werden: Wir kommen zu einem sogenannten „Schwarzen Loch".

4

Am ehesten kann man sich vorstellen was ein Schwarzes Loch ist, wenn man sich seiner (hoffentlich noch nicht total überlagerten, kindlichen) Phantasie bedient . Vielleicht könnte man es dann mit einer Stelle vergleichen , an welcher der „liebe" Gott den Stöpsel aus der Badewanne herausgezogen hat. Dort rotiert das Wasser um eine Öffnung herum - wobei Sog entsteht (der vielleicht sogar nötig ist um die Galaxien zusammenzuhalten).

Die wissenschaftliche Erklärung kommt ohne einen Gott in der Badewanne aus. Sie spricht von einem zusammengefallenen Neutronenstern, der dem eigenen Druck erliegt. Um es anders auszudrücken: An solchen Stellen probt das Universum den Aufstand. Milliarden Sterne werden schließlich in den Sog gerissen und verschwinden auf Nimmerwiedersehen.

Angefangen hat das alles an einem Punkt (zu dem der erste Stern - der Neutronenstern komprimiert wurde).
Der Punkt war so klein, wie er kleiner nicht sein konnte. Zunächst besaß er eine sogenannte „Unendliche Dichte". Bei dem was dann kam, scheiden sich die Geister. Die meisten Fachleute sind der Ansicht: Was Punkt ist müsse auch Punkt bleiben. Und um diesen armen Punkt herum krümme sich dann die (ganze) Zeit, ganz dicht , ganz eng - denn irgendwo müsse sie ja schließlich hin (die Ärmste).

Dabei wird dann meist nicht mehr in Erwägung gezogen, daß sie unter Umständen, auch gänzlich aufhören kann zu bestehen.

Augustinus sagte einmal (das war um 400 nach Chr.): „Die Zeit ist eine von Gott geschaffene Eigenschaft des Universums und hat vor dessen Beginn (vor dem Beginn des Universums) nicht existiert". Warum sollte sie also nach dessen Ende noch existieren? (Und hört im Schwarzen Loch das Universum nicht quasi auf zu bestehen? - für alles was hinein gerissen wurde trifft dies immerhin zu.)

An dieser Stelle scheint es ratsam, die Relativitätstheorie zu Rate zu ziehen. Laut Einstein wächst die Masse eines auf Lichtgeschwindigkeit beschleunigten Gegenstandes ins Unendliche an. Das geht, wie wiederum, wie Fachleute behaupten, aus seiner berühmten Formel $E = mc^2$ hervor. Wenn diese Fachleute recht haben - und nichts spricht dagegen - dann wird diese, auf Lichtgeschwindigkeit beschleunigte Masse dieses Gegenstandes faktisch so groß, daß das Weltall über ihm zusammenstürzt.

Nun ist es wieder an der Zeit den Wissensgrund der Fachleute zu verlassen, um sich unbeeinflußte Gedanken machen zu können. Seien wir frech und behaupten ganz unverfroren, daß es dem Universum wahrscheinlich kaum gelingen dürfte, überall gleichzeitig zusammenzustürzen. Sicherlich würde es zunächst einmal eine Einsturzstelle bilden und diese kennzeichnen. Sagen wir einfach: Durch einen „Ereignishorizont". Hinter diesem Phänomen würde sich dann, könnte man jetzt folgerichtig annehmen, die ganze Einsturzenergie versammeln. Auch Fachleute wissen, daß der Ereignishorizont eine Eigenschaft ist, die Schwarze Löcher aufweisen. Ganz und gar außer Rand und Band könnte uns nun einfallen, daß Einsteins Vorhersage für einen auf Lichtgeschwindigkeit beschleunigten Gegenstand bereits eingetroffen ist - und das obwohl es doch gar nicht möglich ist, einen Gegenstand auf Lichtgeschwindigkeit zu beschleunigen. Oder doch? Und wenn ja, wie? Womöglich nicht so direkt - mehr auf „Umwegen" vielleicht. Stürzt der Kosmos also bereits an einigen Stellen zusammen? Und wenn ja, wohin stürzt er denn dann?

Doch zuerst: Wie könnte er „sinnvoll" zusammenstürzen?
Um dies zu ermitteln müssen wir einen kleinen Umweg machen........und fragen: Was passiert mit einem - sagen wir 1 m langen Stab, der auf Lichtgeschwindigkeit beschleunigt wird? Laut Relativitätstheorie verkürzt er sich auf 0 cm. Was tut dagegen eine, auf Lichtgeschwindigkeit beschleunigte, Uhr? Nein, jetzt sagen wir nicht, daß sie sich auf 0 cm verkürzt, jetzt setzen wir - wie Einstein - einen, der Uhr angemessenen Vergleichswert fest und behaupten: sie bleibe stehen. Wer Humor hat, könnte nun sagen Lichtgeschwindigkeit könne auch „Zeitgeschwindigkeit" heißen. Ein auf Lichtgeschwindigkeit be-

schleunigter Körper läßt, wie wir mittlerweile hinreichend gehört haben, das Universum zusammenstürzen. Unter Zuhilfenahme der Phantasie - die ja bekanntlich ebenfalls in der Lage ist, alle geltenden Regeln außer Kraft zu setzen - verschwindet er ganz einfach (aus unserer Sicht), wie der Stab, der auf die Größe von 0 cm zusammenschrumpft. Erinnert uns das nicht ein wenig an die Phänomene im Schwarzen Loch? Vorläufig ja. Aber wir wissen eigentlich noch nicht genau, was im Schwarzen Loch passiert. Um dies zu ändern, sind wir gezwungen „den Gaul" einmal von hinten aufzuzäumen........

Eine, auf Lichtgeschwindigkeit beschleunigte Masse wächst unendlich an -man könnte aber auch sagen: sie verbraucht unendlich viel Energie, bevor sie verschwindet. Heißt das nicht **umgekehrt,** eine unendlich verdichtete Masse **produziert** unendlich viel Energie (was der Beschleunigung auf Lichtgeschwindigkeit ähnelt), bevor sie verschwindet?

An diesem Punkt erscheint es uns - die wir geistig nicht festfrieren wollen - ratsam, ein weiteres Segment vorhandenen Wissens zu Rate zu ziehen. Aus Heisenbergs Unschärferelation wissen wir, daß Licht aus Wellen besteht, nicht aus Teilchen, beziehungsweise sowohl als auch. Man nennt das die „Welle-Teilchen-Dualität". Worum es sich gerade handelt hängt dabei kurioserweise vom Betrachter ab. Er kann die Welle messen, oder das Teilchen beobachten. Beides zugleich kann er nicht. Daran sollten wir uns unbedingt erinnern, bevor wir es wagen, die Vorgänge im Schwarzen Loch zu beurteilen. Aber wie kann uns die Welle-Teilchen-Dualität behilflich sein? Nun, wenn ein Teilchen gleichzeitig auch Welle sein kann, dann befindet es sich sozusagen in einem Zustand der Unentschlossenheit, der nur von einem Betrachter definiert werden kann. Richtig? Nicht von ungefähr fällt uns hier wieder ein wie sehr das Leben an eine Illusion erinnern kann und natürlich fragen wir uns sofort: Was würde ein Betrachter im Innern eines Schwarzen Loches sehen? Diese Frage kann leicht beantwortet werden - : Nichts! Er würde nichts sehen. Und warum nicht? - Weil der Ereignishorizont um ein Schwarzes Loch jeden Betrachter von vornherein ausschließt. Am Schwarzen Loch endet das Universum und mit ihm alle für uns geltenden physikalischen Bedingungen. In Ermangelung physikalischer Bedingungen - des Betrachters - aber ist es gar keine Frage mehr ob sich das Teilchen in eine Welle verwandelt oder nicht. Kurz nach Erreichen seiner kleinstmöglichen Ausdehnung verstrahlt es ins Nichts (und bildet - erst jetzt - ein richtiges Loch in der Zeit). So entsteht ein Schwarzes Loch!

An dieser Stelle merken wir erschrocken, daß wir völliges Neuland betreten haben. - Beginnen wir mit seiner Besiedelung und schrecken wir auch nicht davor zurück, daß uns vorläufig keiner mehr folgen kann.

Schon Goethe sagt im Faust I „kein Wesen kann zu nichts zerfallen".
Das wollen wir gar nicht anzweifeln. Fragen wir uns, im Gegenteil, was
geschähe, wenn es zu weniger als Nichts zerfiele. Vorhin haben wir
festgestellt: Wenn der Zustand absoluter Geringstheit erreicht ist,
„weiß" die Materie nicht mehr was sie tun soll und verstrahlt. Dabei erreicht sie - mathematisch gesehen - für einen Augenblick den Zustand
0 (= Nichtvorhandensein). Nach diesem Augenblick ist sie weniger als
nichts. Sie bildet einen Energiepool, deren Ursprung die Wellen der
umgewandelten Materie sind. Weniger als nichts = Minus. Dieses Minus können wir nun getrost als die „Rückseite" des Universums betrachten. Sie besteht aus einer Energie, die mit der Energie diesseits
des Ereignishorizontes nichts mehr zu tun hat.

Vom Schwarzen Loch aus „gesehen" liegt jenseits des Ereignishori-
zontes das lebendige Universum. In seinem Innern befindet sich die
„Singularität". Das ist ein - wie die Wissenschaft sagt, eindimensionaler
Zustand. Und was das ist, versuchen wir später herauszufinden.

Nähern wir uns der Singularität zunächst mathematisch. Auch das muß
sein. Aber keine Angst. Wir brauchen keine großen Rechnungen auf-
zustellen. Während der „Vernünftige" nun sagen könnte, Vorstellungen
von der Verflüssigung der Materie in Wellen, innerhalb des Schwarzen
Loches seien märchenhaft und weitab mathematischer Logik, sehen
wir uns an, was es mit den sogenannten „Imaginären Zahlen" auf sich
hat.
Multiplizieren wir also eine natürliche (oder reale Zahl) mit sich selbst
und wir erhalten eine positive Zahl. Beispiel: 2 X 2 = 4. Es gibt jedoch
auch Zahlen bei denen sich das anders verhält. Eine davon heißt „i".
Multipliziert man i mit sich selbst so erhält man minus 1.   2i mit sich
selbst malgenommen ergibt minus 4, und so fort. Imaginäre Zahlen bilden , wie wir sehen, mathematische Schwarze Löcher, die, unter dem
Strich Minusvolumen ergeben.
Warum vertauschen wir nun nicht einfach den Strich mit dem Ereignishorizont, die positiven Zahlen mit dem Universum und ein Ergebnis,
das wir mit den Imaginären Zahlen erhielten mit dem Begriff „Minusenergie"?

Noch einmal............
Wenn ein Neutronenstern in sich zusammenfällt erhöht sich seine
Dichte. Der Druck in seinem Kern wächst solange an, bis die Gravitation einen Punkt erreicht hat, an dem sie Materie nicht mehr weiter ver-
dichten kann. Das kleinstmögliche Teilchen (das Korpuskel) ist entstanden. Wenn jetzt immer noch Materie vorhanden ist , oder von an-
derswo noch hinzukommt, und sich somit der Druck noch mehr erhöht,

wird eine sogenannte Unendliche Masse erreicht, die der, eines auf Lichtgeschwindigkeit beschleunigten Gegenstandes gleichkommt.

Jetzt stürzt, wie von Einstein vorausgesagt, an dieser Stelle das Universum zusammen: Da das Korpuskel nicht mehr weiter zusammengedrückt werden kann, wandelt es sich in Welle um, die, weil nicht mehr rückverwandelbar, gleichbedeutend ist mit reiner Energie. Mit Minus-Energie. Minusenergie produziert dort, wo bisher Druck als Attraktor herrschte, einen Sog, der die Anziehungskraft des Neutronensterns noch bei weitem übersteigt.

Ein Schwarzes Loch ist geboren! Und weil hinter dem Ereignishorizont die Physikalischen Gesetze unseres Universums nicht mehr gelten, reißt der Sog des Schwarzen Lochs, der Minus-Energie alle Materie, die ihm zu nahe kommt mit Über-Lichtgeschwindigkeit in sich hinein. Dies geschieht ohne die sonst bekannte Gravitation.

Jetzt können wir auch sagen: Es ist gar nicht nötig, daß sich die Zeit in der Singularität unendlich krümmt - sie ist einfach nicht mehr vorhanden! Das ist eine Situation wie sie vor der Erschaffung des Universums herrschte. Ein Austreten des Lichts (das uns noch erreichen könnte) über den Ereignishorizont hinaus ist unmöglich, da sich das Verschwinden alles Diesseitigen im Sog des Schwarzen Loches schneller vollzieht als sich Lichtwellen überhaupt verbreiten können.

Erwähnt werden könnte hierzu vielleicht noch, daß bei der vehementen Beschleunigung der Materie, gleich hinter dem Ereignishorizont, Bremsstrahlung (Röntgen) entsteht. Aber die Elektronen werden nicht, zur Erzeugung von Röntgenstrahlung, auf ein Hindernis zugeschossen - wie wir das tun - sondern das Hindernis wird quasi auf die Elektronen zugeschossen.

Anders ausgedrückt: Der augenblickliche Ruck der Materie bewirkt, daß die Elektronen aus ihr herausgezogen werden (das Tischtuch wird so schnell weggezogen, daß das Geschirr stehenbleibt).

In der Nähe Schwarzer Löcher können die herausgezogenen Elektronen, anhand verstärkt auftretender Röntgenstrahlung gemessen werden.

Eine weitere Skizze soll uns den Vorgang noch etwas verdeutlichen:

Das schwarze Loch

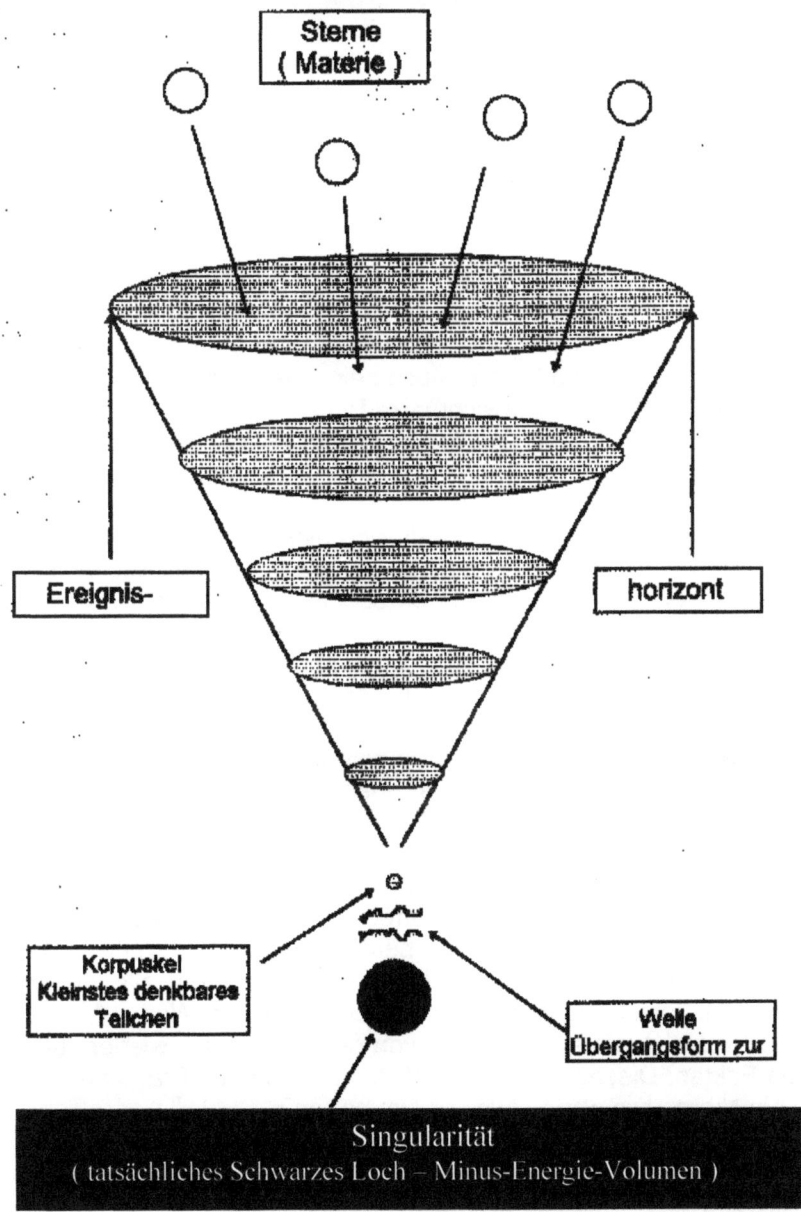

Sterne (Materie)

Ereignis-

horizont

Korpuskel
Kleinstes denkbares
Teilchen

Welle
Übergangsform zur

Singularität
(tatsächliches Schwarzes Loch – Minus-Energie-Volumen)

Und nun beschäftigen wir uns am besten mit der Frage: Wie „sieht" eine Singularität eigentlich aus?

5

Die Wissenschaft versteht unter einer Singularität einen eindimensionalen Zustand, stellt ihn sich aber gleichzeitig als einen Punkt vor - wenn auch als den kleinstmöglichen. Würde **uns** nun jemand fragen was wir uns unter einer Eindimensionalität vorstellen, würden wir höchstwahrscheinlich anders vorgehen als die anerkannte Wissenschaft: Primitiver natürlich - und praktischer!

Eine Fläche ist zweidimensional, ein Körper (Würfel, Kugel) ist dreidimensional - zusammen mit der Zeit ist er vierdimensional. Was ist demnach ein Punkt? Richtig, mindestens zweidimensional (da er eine Ausdehnung besitzt), so klein er auch sein mag. Wirklich eindimensional wäre demnach nur ein unsichtbarer Punkt, ein **nicht existierender** Punkt. Eine Singularität ist ein Nirgendwo, das sich nicht mehr festlegen läßt.

Alles was wir sagen können ist, daß sich dieses Nirgendwo, von uns aus gesehen, irgendwo hinter dem Ereignishorizont befindet. Was wir nicht sagen können, ist wo genau es beginnt und wie weit es sich erstreckt. Doch da wir, wie wir schon zugegeben haben, keine anerkannten Wissenschaftler sind, sind wir gewissermaßen vogelfrei und dürfen uns vorstellen was wir wollen. Deshalb versuchen wir uns jetzt vorzustellen, wie groß so ein Nirgendwo sein könnte. Dafür müssen wir uns wieder kurz ins Gedächtnis rufen was wir bereits wissen. Wir wissen, daß eine Singularität kein Ort in unserem Sinne ist und wir wissen sogar, daß sich dieser Nicht-Ort außerhalb des Raum-Zeit-Kontinuums befindet. Aufgrund unseres mathematischen Ausfluges haben wir die Singularität mit dem Oberbegriff „Minus" versehen. Daraus ergab sich für alle, für uns wahrnehmbaren, Orte (an denen Zeit vergeht) der Oberbegriff „Plus". Plus und Minus bedingen einander. Wenn es kein Plus gibt, kann man kein Minus errechnen, weil dann alle Anhaltspunkte dafür fehlen würden. Dann gäbe es nur den Wert „0". Nichts darüber, nichts darunter. Doch nun von der Mathematik wieder zurück zu den Fakten. Diese werfen nämlich eine brennende Frage auf: Was wäre ein Nirgendwo **ohne** etwas darum herum?

Also noch einmal zusammengefaßt.................
Der Zustand einer Singularität ist eindimensional = Schwarzes Loch.

Der Zustand eines Schwarzen Universums (= die Summe aller Schwarzen Löcher) ist ebenfalls eindimensional (= ein Nicht-Ort, oder auch: ein Ort ohne Umfang und Mittelpunkt).
Der Berechnungswert aller dieser Zustände trägt das Vorzeichen „-" (Minus).

Was sagt uns das? -
Richtig, es sagt uns, daß dieses Vorzeichen, im Falle eines alleinexistierenden Schwarzen Universums ganz einfach wegfallen kann. In dieser Situation verliert die Singularität jeden Bezugspunkt - sie ist überall. Anders ausgedrückt: Sie wandelt sich zu einem „Überall".

Aus unseren bisherigen Überlegungen geht hervor: Ein Schwarzes Loch hat keine reale andere Seite. Es schleudert keine Materie in ein schon bestehendes anderes, bzw. in das gleiche Universum zurück. Aus diesem Grund können wir uns die Suche nach „Weißen Löchern" (die keine Materie fressen, sondern welche ausspucken) eigentlich sparen. Solange also noch irgendwo im Raum Materie ist wird sie von Schwarzen Löchern aufgefressen, bis das Weltall - zur universellen Singularität geworden - in reine Minusenergie umgewandelt ist. In diesem Fall erübrigt sich natürlich auch der Ereignishorizont: er bricht zusammen.
Das Raum-Zeit-Kontinuum ist verbraucht.
Was übrig bleibt ist Energie. „Namenlose" Energie, die jetzt auch nicht mehr Minusenergie „heißt". Es existiert kein Plus mehr. Warum, um alles in der Welt, sollte diese Energie noch ein Minuszeichen tragen? (Dieser Scherz hat einen Sinn - jetzt geht es tatsächlich um **alles** in der Welt: Denn der erste Augenblick ist gekommen!!!)

Alles ist gepfändet. Der Offenbarungseid steht vor der Tür. Und Gott steht nackt vor dem Nichts, er muß (kann) sich etwas neues einfallen lassen: Er kann „Vater" einer ganz neuen Betriebsgesellschaft werden, sich in ganz neuen (anderen) Umständen vergraben. - Die Wissenschaft bezeichnet einen solchen neuen Anfang als „Urknall". Zersprengt sich Gott in seine Einzelteile um so die Mutter seiner eigenen Kinder zu werden?

Zusammenfassend stellen wir uns das wieder anhand einer Zeichnung vor:

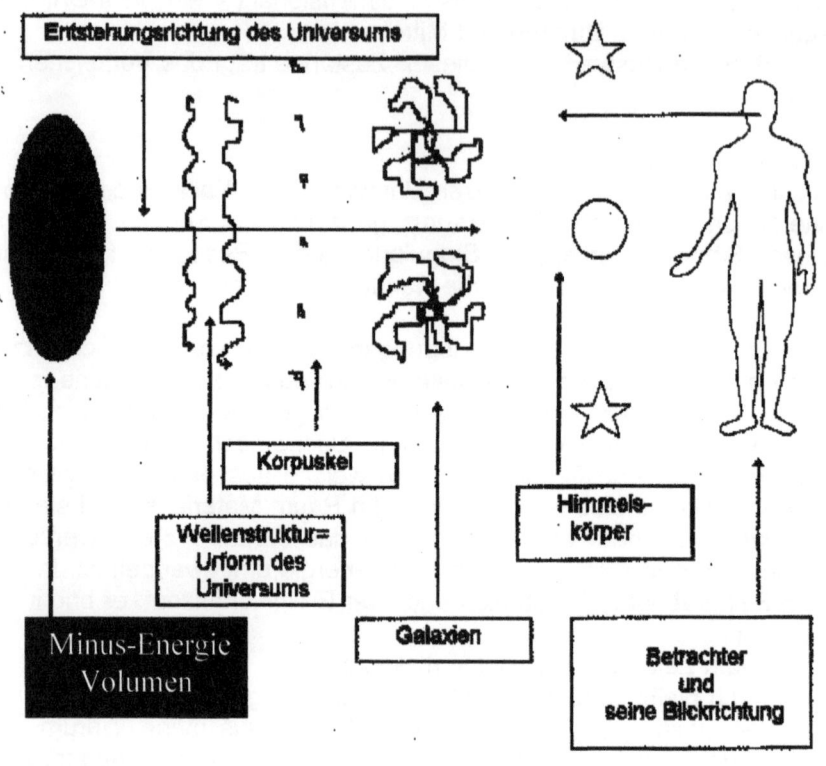

Was tut ein Energiezustand, der Nirgendwo war und auf einmal zum Überall geworden ist?

Natürlich kann er nichts mehr in sich aufnehmen (da er ja bereits alles in sich aufgenommen hat. Durch die Beendigung der Zufuhr von außen erlischt das Sog-Phänomen. Jetzt ist der Zustand „Null" erreicht - eigentlich müßte nunmehr ein Urknall erfolgen. Ob es aber wirklich „knallt" oder nicht ist im Grunde zweitrangig. Wichtig ist nur, daß ein gewisser Innendruck kreativer Urenergie vorhanden ist. Formulieren wir es also am besten so: Die Singularität (ohne Minuszeichen) beginnt zu strahlen.........

1965 entdeckten zwei Herren (Penzias und Wilson) geheimnisvolle Wellen, die aus der Tiefe des Raumes kamen. Die Strahlung war aus jeder Richtung gleich stark. Sie kam von überall her! (Kommt sie aus dem ehemaligen Nirgendwo?) Diese Mikrowellen - im Detektor (und sogar im Radio zwischen den Sendern) als Rauschen vernehmbar - erreichen uns von allen Regionen des Universums. Auch unsere Region gab (gibt) sicher - von anderen Stellen des Weltalls gesehen - ein solches Rauschen von sich. Es erstreckt sich von Zeiten zu Zeiten als letztes Echo des Urknalls. Dieser lautlose Urknall findet überall und immer statt.

Stephen Hawking versuchte 1981 zu beweisen, daß das Universum nicht aus einem Urknall entstanden ist. Meinte er damit, daß das Universum keinen Anfang und kein Ende habe, sondern einfach **sei**? Was wäre, wenn nun quasi beides zuträfe?

Sagen wir einmal probehalber alles wäre auf einmal entstanden: Vergangenheit und Zukunft zusammen. Sagen wir weiter, diese beiden Begriffe seien nur räumliche Eindrücke, die, vom Licht gemessen, Zeitabstände ergäben. Könnten wir uns dann nicht manches besser erklären?

Wenn es überhaupt moralisch oder wissenschaftlich erlaubt ist aus dem Mikrowellenrauschen philosophische Schlüsse zu ziehen, dann müßten sie auf folgendes hinauslaufen..............
Mit dem Einsetzten der Urstrahlung entstand die erste Dimension, die Zeit! Ihr Vorhandensein (ihr Auftreten) ermöglichte den anderen drei realen Dimensionen
(mit dem Vorzeichen Plus), nämlich Länge, Breite, Höhe (oder Tiefe) zu sein. Im Klartext.................
Das Mikrowellenrauschen setzt am Beginn eines Schöpfungsintervalles ein. Nennen wir es deshalb einfach „Zeitrauschen". Der eindimensionale Zustand des überholten Schwarzen Universums (= Singularität) hat, da er keine Minus-Energie mehr besitzt (denn alle vorhanden gewesene Materie ist aufgesogen - der Plus-Minus Zustand ist somit aufgehoben) angefangen zu strahlen. Er kann jetzt die gespeicherte Energie als Wellen wieder von sich geben.

Sobald das geschieht, setzt sich ein „geheimnsivolles" Geschehen in Gang: Durch die Entstehung eines realen Raumes definiert sich die Zeit - Wellen werden zu Korpuskeln (Unschärferelation), Nebel bilden sich. Aus der Verdichtung der Materie treten Quasare und Galaxien hervor. In ihren Zentren bilden sich Schwarze Löcher.

Das Zeitrauschen, welches von der entstandenen Geographie des Raumes unabhängig ist, da es einem eindimensionalen Zustand entspringt (= überall und nirgends) dehnt den Raum weiter aus. Die Abstände zwischen den Galaxien vergrößern sich kontinuierlich. Sie entfernen sich, durch das Anwachsen der Zeit voneinander, jede von jeder. Dadurch erreichen die, von einem Betrachter am weitesten entfernten Objekte - durch Addition der sich vergrößernden Abstände - relativ zum Betrachter annähernd Lichtgeschwindigkeit. In Wahrheit haben sie gar keinen eigenen Schwung (der von einem Urknall herrühren könnte). Sollten sich hinter denen, vom Betrachter aus gerade noch wahrgenommenen Objekten noch weitere befinden, können diese natürlich nicht mehr entdeckt werden.

Warum? - Weil sie sich, vom Betrachter aus gesehen, mit Überlichtgeschwindigkeit von ihm fort bewegen.

Daraus ergibt sich ein weiter interessanter Aspekt, der uns an etwas erinnern sollte.

Woran ? - An zwei Dinge, die wir bereits besprochen haben.

1). An den oft und gerne (hauptsächlich von Poeten) zitierten Illusionscharakter des Lebens. Und........

2). An etwas, das im Umfeld Schwarzer Löcher auftritt - an den Ereignishorizont. Doch diesmal scheint dieser Ereignishorizont lediglich eine Illusion zu sein, da er ja nur relativ zum Betrachter auftritt. Erinnern wir uns an unser Gedankenexperiment, wo wir mit der Geschwindigkeit „0" von Himmelskörper zu Himmelskörper, in einem Universum ohne Licht, reisten. „Ohne Licht" , haben wir gesagt, wäre gleichbedeutend mit „ohne Zeit". Alle Abläufe wären auf einer Ebene eingefroren. Wenn wir dieses Experiment jetzt wiederholen - und zum am weitesten von uns entfernten Ort im Universum reisen - werden wir feststellen, daß sich der Ereignishorizont, **bei Einschalten des Lichts**, verschoben hat.

Erstaunt entdecken wir, daß wir wiederum im Mittelpunkt eines Universums stehen, dessen Aussehen sich jedoch erheblich verändert hat: Haben wir das Raum-Zeit-Kontinuum gewechselt? Und wenn ja, was bedeutet das eigentlich?

Doch bevor wir an die Aufklärung dieses neuen Problems gehen machen wir uns lieber noch einmal ein Bild vor der, soeben erarbeiteten Vorstellung. Nein, machen wir uns gleich derer zwei.

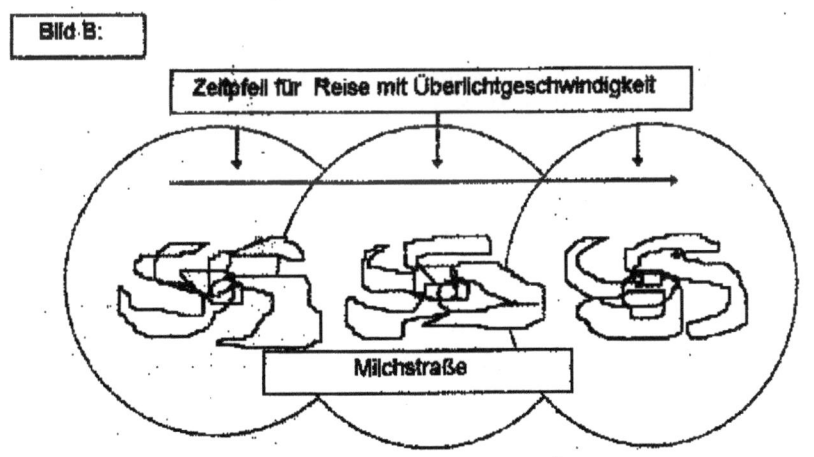

Bild A:

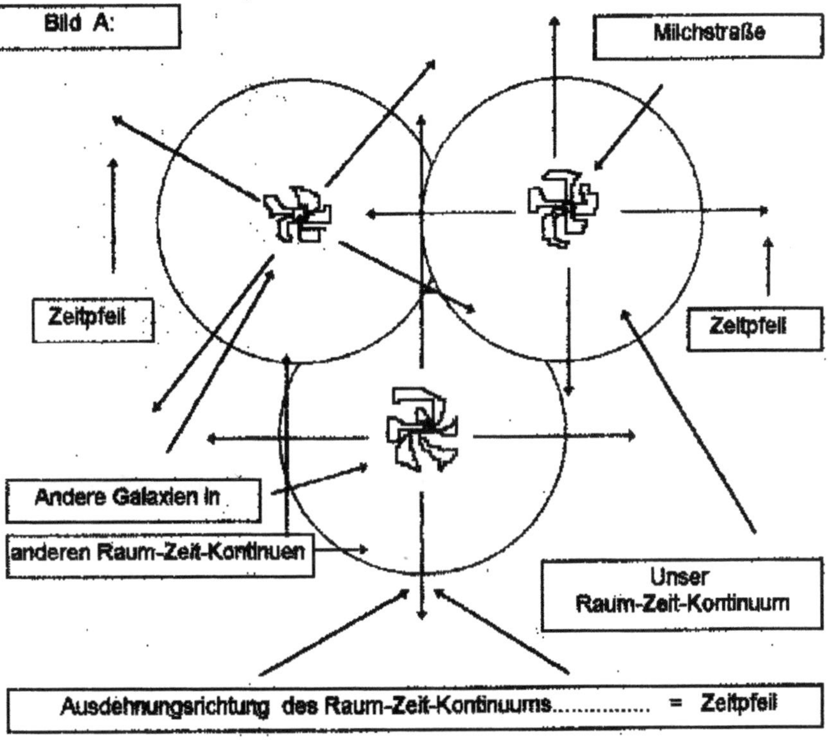

Milchstraße

Zeitpfeil

Zeitpfeil

Andere Galaxien in anderen Raum-Zeit-Kontinuen

Unser Raum-Zeit-Kontinuum

Ausdehnungsrichtung des Raum-Zeit-Kontinuums................ = Zeitpfeil

Bild B:

Zeitpfeil für Reise mit Überlichtgeschwindigkeit

Milchstraße

Hoppla, was ist denn jetzt passiert? Bei Bild B muß wohl die Phantasie vollends mit uns durchgegangen sein. Fast von selbst hat sich aus Bild A Bild B ergeben. Nun müssen wir nur noch herausfinden, wie das vor sich ging. Wahrscheinlich hat uns die Lichtgeschwindigkeit durcheinandergebracht, mit der sich die Kontinuen auszudehnen scheinen. Es muß uns eingefallen sein, daß - wie wir schon eingangs aller unserer Überlegungen festgestellt haben - sämtliche, im Universum vorkommenden Informationen von anderen Himmelskörpern mit Lichtgeschwindigkeit auf uns zukommen. Je weiter sie von uns weg sind - je mehr sich ihre „Fluchtgeschwindigkeit" (die sich aus der Ausdehnung des Raumes ergibt) erhöht, desto mehr sind die Lichtwellen die uns von ihnen erreichen ins Rote verschoben. Daraus folgt: Wenn wir nun einmal nicht nur in Gedanken, sondern tatsächlich sehr sehr schnell verreisen würden, sagen wir mit Überlichtgeschwindigkeit, dann müßten wir doch eigentlich diese fernsten Galaxien oder Quasare überholen können. Damit hätten wir aber dann unser Kontinuum verlassen. Ja, so muß es passiert sein, auf diese einfache Weise muß uns das eingefallen sein. Behalten wir es einmal vorsichtshalber im Gedächtnis.

7

Könnte man , im Verlauf des Zeitrauschens (= Schöpfungsintervall) also sagen, ein Ereignishorizont befände sich auch knapp hinter den, sich mit annähernder Lichtgeschwindigkeit von uns forttreibenden Galaxien? Das ist hinter dem Bereich wo sich das beobachtete Licht ins Rote verschiebt (wo die Lichtwellen der beschleunigten Objekte durch deren Eigengeschwindigkeit gestreckt, also langwellig werden). Das hieße ja dann, daß wir den Ereignishorizont sozusagen auch von Innen sehen könnten. Hilfe, dann bestünden wir ja aus Minus-Energie. Das kann nicht sein. Und tatsächlich: Diesmal existiert der Ereignishorizont zum Glück für uns Lebende nur relativ zum Betrachter. Das heißt, bei tausend verschiedenen Betrachtern, an tausend verschiedenen Orten, wird er an verschiedenen Stellen registriert. - Da soll einer nicht wahnsinnig werden. Aber wenn wir uns endgültig damit abgefunden haben, daß das Leben eine Illusion ist, dann gelingt es uns auch ganz leicht bei Verstand zu bleiben. Vergessen wir nicht, wieviel Aufwand nötig ist diese kosmische Illusion aufrechtzuerhalten. Soviel, daß es schon wieder an die Erschaffung einer totalen Realität grenzt. Es sollte auch nicht versäumt werden zu bemerken, wie wichtig es ist, daß es keine totale Realität gibt, denn dann gäbe es keine Lichtgeschwindigkeit, die ja bekanntlich alle Beobachtungen relativiert (Einstein) und wir würden alles sofort herausfinden. Nichts wäre mehr spannend.

Aber Spaß beiseite. Was haben wir zuletzt behauptet...........
Wenn sich der Betrachter weit genug verschiebt, dann verschiebt sich auch der Ereignishorizont. Der von innen gesehene Ereignishorizont besagt nicht, daß in seinen Grenzen zwangsläufig Tod und Zerstörung stattfinden. Er besagt nur, daß eine Zeitgrenze existiert, die nicht ohneweiteres überwunden werden kann. Und er besagt, daß man sich höchstwahrscheinlich nicht in einem völlig leeren Raum befände, würde man die am weitesten von uns entfernte (rotverschobene) Galaxis überholen. Was geschieht voraussichtlich wenn man die am weitesten von uns entfernte Galaxis nicht mit Gedankengeschwindigkeit, sondern mit Überlichtgeschwindigkeit überholt? Geraten wir dann auch - wie bei Ge- dankengeschwindigkeit - in ein anderes Kontinuum? - Ja **und** nein vermutlich.
Wie soll nun das wieder gehen? Hier könnte des Rätsels Lösung in der Definition des Zielortes sein. Mit Gedankengeschwindigkeit erreichen wir ein anderes Kontinuum, mit Überlichtgeschwindigkeit prallen wir an dessen Grenze, dem Ereignishorizont, zurück - ohne es zu merken - und fliegen wieder in unser eigenes Kontinuum hinein: Aber zu einer anderen Zeit!
So haben wir eigentlich auch unser Kontinuum - den Raum unserer Lebzeit - verlassen. Spätestens hier, merken wir schmerzlich (denn Denken tut weh), daß wir ohne vergleichende Vorstellungsbeispiele nicht mehr auskommen. Deshalb betrachten wir das Licht jetzt einmal einfach als eine Abfolge von Bildern. Das macht nichts, darin haben wir Übung, denn wir tun dies bereits solange wir leben, ohne es je gemerkt zu haben. Nun aber tun wir etwas ganz neues: Wir erhöhen unsere Betrachtungsgeschwindigkeit. Bewegen wir uns also mit den Bildern - in der gleichen Richtung wie der Film abläuft - davon. In der gleichen Richtung, wie der Film läuft, müssen wir uns zunächst sogar bewegen, weil wir uns sonst umdrehen müßten. Vergegenwärtigen wir uns, bevor wir weiterdenken, warum wir uns zunächst in die Ablaufrichtung des Films bewegen müssen. Ganz einfach: Die Bilder kommen „von hinten" auf uns zu. Praktisch sehen wir sie erst wenn sie uns überholt haben - wenn sie Vergangenheit sind (denn wir können grundsätzlich **nur** die Vergangenheit wahrnehmen = einen Sachverhalt registrieren wir erst dann, wenn er bereits -für uns - existiert). Wenn das anders wäre, könnten wir mühelos in die Zukunft blicken. Doch zurück zu unserer kreativen Gedankengeschichte. Lassen wir sie weiter wachsen.
Gerade erinnern wir uns daran, daß wir unsere Betrachtungsgeschwindigkeit erhöht haben. Sagen wir einmal, der Film schösse mit Lichtgeschwindigkeit - von hinten kommend - an uns vorbei. Je schneller wir werden, desto weniger Bilder passieren uns: womit wir in den Genuß kommen, die von Einstein vorausgesagte Zeitdilatation zu erleben. Relativ zu einem zurückgebliebenen Betrachter laufen unsere

Uhren jetzt langsamer als seine. Eigentlich bilden wir jetzt ein eigenständiges Raum-Zeit-Kontinuum, denn unsere innere Uhr läuft nach wie vor gleich schnell. Wir altern ebenso zügig wie immer. Und das obwohl der, im normalen Zeitstrom zurückgebliebene Betrachter einen ganz anderen Eindruck von uns hat.

Wenn wir nun unsere Eigengeschwindigkeit weiter erhöhen - wenn wir die Ablaufgeschwindigkeit des Filmes erreichen - bleibt irgendwann alles für uns stehen. Kurz vorher tritt eine Verzerrung der Wahrnehmung auf: Der sichtbare Raum scheint sich an den Rändern zusammenzubiegen, so als blickten wir durch ein Fischaugenobjektiv. Was sagt uns das? Genau, das kann nur bedeuten: Wir sind an den Grenzen der Illusion „Leben" angelangt! Gleich müßte alles Sichtbare zu einer Kugel werden, oder auch zu einem hellen Tunnel. Wir rasen, einem Lichtstrahl gleich, durch den Raum, und alles um uns herum verschwimmt. Die ganze Welt (das Universum) verschwindet in einem Lichtpunkt, denn jetzt haben wir die Geschwindigkeit „0" erreicht. Für uns **steht** der Film. Außer uns existiert kein sich bewegendes Leben mehr. Wir stehen sozusagen wieder einmal an einem Ereignishorizont. Damit aber haben wir ein Kuriosum heraufbeschworen: Etwas Lebendiges hat den Bereich des Lichts verlassen. Was nehmen wir an dieser Stelle wahr?

Wäre das Universum endlich, nicht irgendwie gekrümmt (auf welche Weise es gekrümmt ist erfahren wir noch), dann würde der, auf Überlichtgeschwindigkeit beschleunigte Betrachter nun wohl aus dem Kosmos hinausschießen (wie eine Rakete, die die Erde verläßt) und damit den Beweis erbringen, daß es außerhalb des Universums noch etwas gibt. Doch das werden wir uns schuldig bleiben müssen.

Dazu sollte, zum besseren Verständnis,noch das eine oder andere Beispiel erwähnt werden.............

Die Erdoberfläche ist zwar, zweidimensional gesehen, unendlich - in drei Dimensionen hat sie aber bereits einen Rand. Eine Oberfläche in der vierten Dimension endet, wie wir gesehen haben, am Ereignishorizont. Dieser Ereignishorizont kann (außer beim Schwarzen Loch) zu anderen Ereignishorzonten führen. Zwischen, bzw. innerhalb der Ereignishorizonte herrscht die Zeit in ihren Raum-Kontinuen. Alle Kontinuen haben ihre speziellen (relativen) Realitäten - und deren Übergänge sind fließend: Sie bilden keinen Rand. Es gibt also kein Außerhalb des Universums.

Ja - wohin schießt dann ein überlichtschneller Betrachter, wenn er die Realität verläßt? In die Irrealität?

Noch einmal........... Kehren wir zu der Stelle zurück an der der Betrachter die Geschwindigkeit „0" erreicht. Die Realität verschwindet in einem Lichttunnel, in einem Lichtpunkt - aber nur um gleich darauf wieder aufzutauchen. Gewissermaßen taucht sie „auf der anderen

Seite" wieder auf. Anders ausgedrückt heißt das: Die Zeit bewegt sich, entgegen ihrer natürlichen Richtung (des Zeitpfeils) abwärts. Der Zeitpfeil wirkt nur noch im Betrachter, den wir jetzt der Einfachheit halber „Temponaut" nennen wollen, aufwärts.

Zum besseren Verständnis..............

Paul Dirac berichtete 1938 von Geisterteilchen, von sogenannter virtueller, also nicht wirklich vorhandener Materie. Sie taucht immer dann für Sekundenbruchteile in unserer Realität auf, wenn man ein Positron und ein Elektron aufeinander schießt. Dabei entsteht ein Photonenblitz - die beiden Teilchen zerstrahlen zu reiner Energie. Während sie zerstrahlen reißen sie kurzzeitig ein Loch in das Raum-Zeit-Kontinuum, wobei sich dessen virtuelle Rückseite bemerkbar macht. Bezeichnet also das Erzeugen reiner Energiezustände Einstiegsmöglichkeiten in virtuelle Welten? Das können wir noch nicht mit Bestimmtheit sagen. Was wir aber ganz sicher mit Bestimmtheit sagen können ist, daß sowohl die Zukunft wie auch die Vergangenheit - von uns aus gesehen - immer virtuell sind. Sie stellen **noch** nicht, bzw. nicht **mehr** greifbare Zustände dar. Doch bevor wir alle Hals über Kopf zu Temponauten werden, beschreiben wir lieber noch einmal die Zeit.

Das Zeitrauschen ist kein dreidimensionaler, sondern ein vierdimensionaler Vorgang. Dadurch entwerfen sich Länge, Breite, Höhe (Tiefe), der Raum also: ein sich, dem Eindruck nach, ständig veränderndes Bild. Man nennt es „Raum-Zeit-Kontinuum". Dieses Raum-Zeit-Kontinuum ist relativ, also vom Betrachter abhängig. Und auch der Betrachter verändert sich ständig - er findet sich stets verändert: Jeden Augenblick trifft er auf ein verändertes Raum-Zeit-Kontinuum. Dadurch entsteht für ihn der Eindruck von Eigenbewegung und Zeitablauf. Mit anderen Worten: Wir bewegen uns durch die Zeit. Wir vergehen in der Zeit!

Zeit ist mit dem Einsetzen des Mikrowellenrauschens, dem Zeitrauschen entstanden. Da sich danach der Raum in ihr bildete, trat die Rückumwandlung der Energie in Materie in Kraft. Die Relativität setzte ein. Raum- und Zeitschrumpfung bei Annäherung an die Lichtgeschwindigkeit erinnern uns daran, daß es keine absolut festen Werte geben kann. Immer nur der Standpunkt des Betrachters ist, vom Standpunkt des Betrachters aus gesehen, „allgemeingültig". Der Standpunkt des Betrachters bildet seine Realität könnte man auch sagen. Diese Realität kann der Betrachter nur mit Überlichtgeschwindigkeit verlassen. Damit dringt er in andere Zeit-Räume ein. Er hat sich nach außerhalb seiner gewohnten vier Dimensionen begeben!

8

Natürlich fragen wir jetzt ganz automatisch: Wieviele Dimensionen gibt es denn dann überhaupt?

Dazu müssen wir wieder unser Gedächtnis (unsere Speicherfähigkeit) bemühen. So erfahren wir, daß das Zeitrauschen kein dreidimensionaler Vorgang ist, sondern ein vierdimensionaler. Das Licht eilt uns jedoch sofort zu Hilfe, indem es uns eine Entwicklung vortäuscht, die sich an allen, von uns aus sichtbaren Orten, gleichzeitig vollzieht. Eine akzeptable Wirklichkeit beruht darauf: Die Wirklichkeit des Betrachters. Vom Betrachter unabhängig hat sich jedoch eine weitere Wirklichkeit vollzogen, die von der Informationsübertragung durch das Licht unabhängig ist: Die **gleichzeitliche** Entwicklung. Nein, wir haben uns nicht versprochen. Nicht die **gleichzeitige** Entwicklung war gemeint, sondern die gleichzeit**liche**. Dieser Entwicklung zufolge spielt sich aber eigentlich alles an allen Orten des Universums zur gleichen Zeit ab - aber nur wenn wir eine einheitliche Generalzeit für das ganze Universum annehmen könnten. Aus der Sicht des Betrachters ist das ein Unding, denn diese „Generalzeit" kann es für ihn nicht geben. Für ihn gibt es, notfalls bis in alle Ewigkeit neu auftretende, Zeiträume. Soweit er sich bewegen würde, er könnte niemals das Universum verlassen, er bewegte sich sozusagen immer im Kreis. Und dadurch wird ihm (uns) natürlich sofort klar was den Raum krümmt. Ja richtig, es ist nicht die Gravitation, es ist nichts anderes als die Zeit!

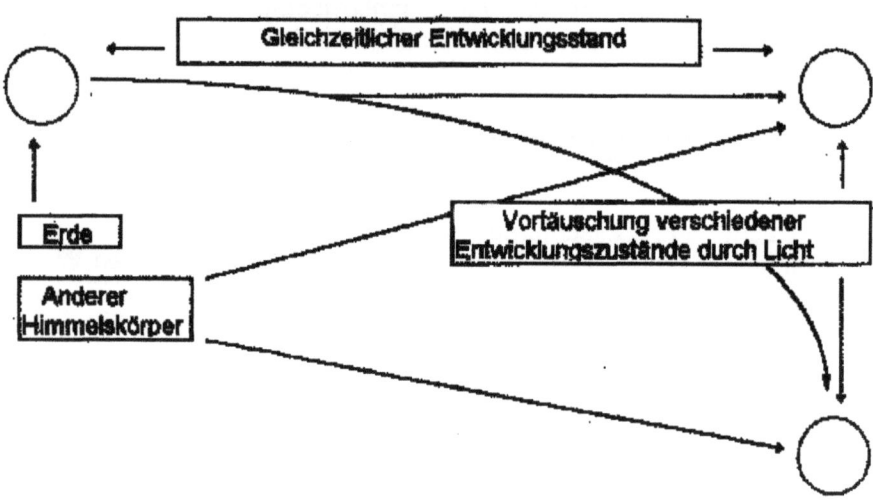

Nachdem wir vorhin erwähnt haben, das Zeitrauschen sei ein vierdimensionaler Vorgang, müssen wir uns jetzt anscheinend ein wenig korrigieren - und einräumen: Das Zeitrauschen ist **vom Betrachter aus** gesehen ein vierdimensionaler Vorgang. Fassen wir jedoch die Beobachtungen mehrerer Betrachter zusammen, dann müssen wir sagen: Das Zeitrauschen ist ein Vorgang in....?....Dimensionen.

Noch einmal...............
Der Ausgangspunkt des Zeitrauschens ist reine Energie (+), der reine Energie (-) vorausgegangen ist. Das heißt: Die Ausdehnung des Raumes endet mit dem Verschwinden aller Materie in Schwarzen Löchern = in der universellen Singularität.
Ein Rücksturz (ein Zusammenziehen) des Universums in eine allumfassende Zusammenballung der Materie findet nicht statt. (Das wäre völlig unnötig) Denn, der eindimensionale Zustand der Minus-Energie ist (sowieso) überall und nirgends, das heißt zu jeder uns zu keiner Zeit. Somit sind Plus- und Minus-Energie nur zwei Seiten ein und derselben Kraft, die erzeugt und beendet. Plus-Energie erzeugt lediglich Schub (entwirft Zeit) und Minus-Energie produziert Sog (negiert Zeit). Der Zeitpfeil markiert einerseits, im Kleinen, den Weg des Betrachters durch sein Kontinuum (in seiner Endlichkeit) - und andererseits die gleichzeitige Entwicklungsbewegung der gesamten Schöpfung (in ihrer Unendlichkeit).

Wenn wir also den Zeitpfeil beiseite lassen, dann stehen wir vor einer fertigen Konstruktion mit zwei Seiten. Sie heißen: Die Reale - und die Irreale Seite. Wie die Reale Seite aussieht braucht nicht weiter erklärt zu werden - wir erleben sie. Teile der irrealen Seite haben wir bereits erlebt. Sie liegen in der Vergangenheit - von uns aus gesehen im Bereich des Irrealen, denn dieser Bereich entzieht sich unserem direkten Zugriff. Gelänge es uns jedoch die Lichtgeschwindigkeit zu überschreiten, was gleichbedeutend mit dem Verlassen unseres Kontinuums ist, dann könnten wir, den Zeitpfeil entlang, abwärts reisen. Das heißt wir könnten - als Fremdkörper - in die Vergangenheit eindringen. Was würden wir dort vorfinden? Richtig: Drei Dimensionen in ihrer Zeit gekrümmt - also vier. Von uns aus gesehen (von unserem, durch unsere Körper mitgebrachten Raum-Zeit-Kontinuum, aus) drei irreale Dimensionen in einer unmöglichen Zeit!

Mit etwas gutem Willen stellen wir uns den Weg in die Vergangenheit nun einmal so vor:

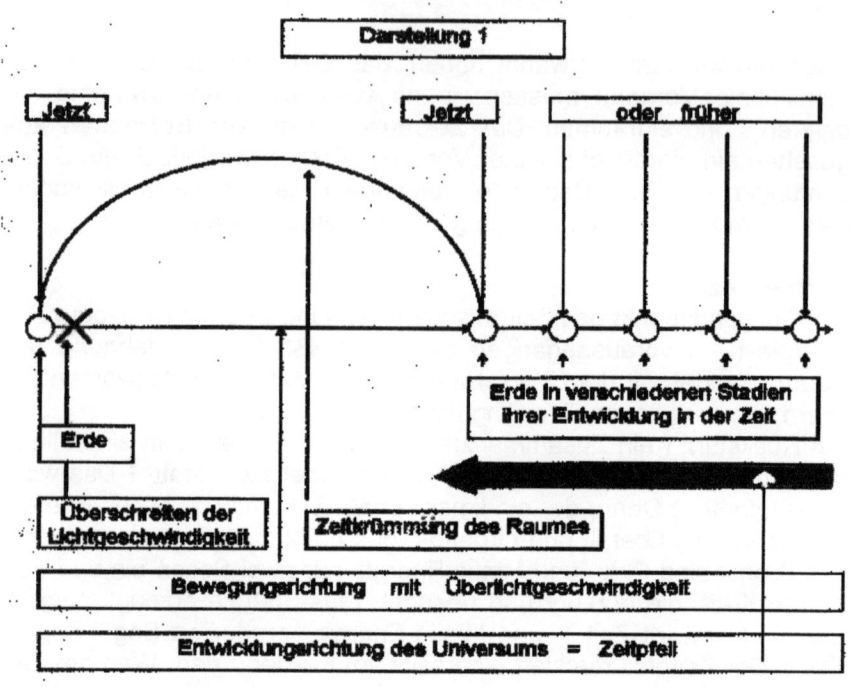

Während wir uns diese Gedanken gemacht und uns vorgestellt haben wie eine Reise in die Vergangenheit funktioniert, ist uns natürlich nicht entgangen, daß sich am Verhältnis der Umgebung zum Betrachter etwas Entscheidendes verändert hat. Der Betrachter - nennen wir ihn jetzt „Besucher" kann zwar das, für ihn irreale, Kontinuum wahrnehmen, in das er eingedrungen ist, das Kontinuum kann ihn aber nicht wahrnehmen. Warum? Weil der Betrachter in Form eines eigenen - mitgebrachten - Kontinuums eingedrungen ist. Er stellt somit einen Fremdkörper dar, der nicht ins Bild paßt. Würde er in das vorgefundene Bild wirklich gehören, dann müßte er in der dortigen Geschichtsschreibung   (aufgetaucht sein) - und davon haben wir schließlich nichts gehört. Er kann also nicht „aussteigen" um für immer in der Welt der Vergangenheit zu bleiben, und er kann (solange er als Mensch **seiner** Gegenwart lebt) nichts in der Vergangenheit bewirken. Und noch etwas haben wir bemerkt: Daß die Reise durch die Vergangenheit auch noch anders dargestellt werden kann - weil wir ja zuerst einmal in Zeitrichtung (Ablaufsrichtung der Entwicklung des Universums) gestartet sind und dem Zeitpfeil solange folgen mußten bis wir die Lichtgeschwindigkeit überschreiten konnten. Aus diesem Grunde hätte unsere Darstellung auch so aussehen können:

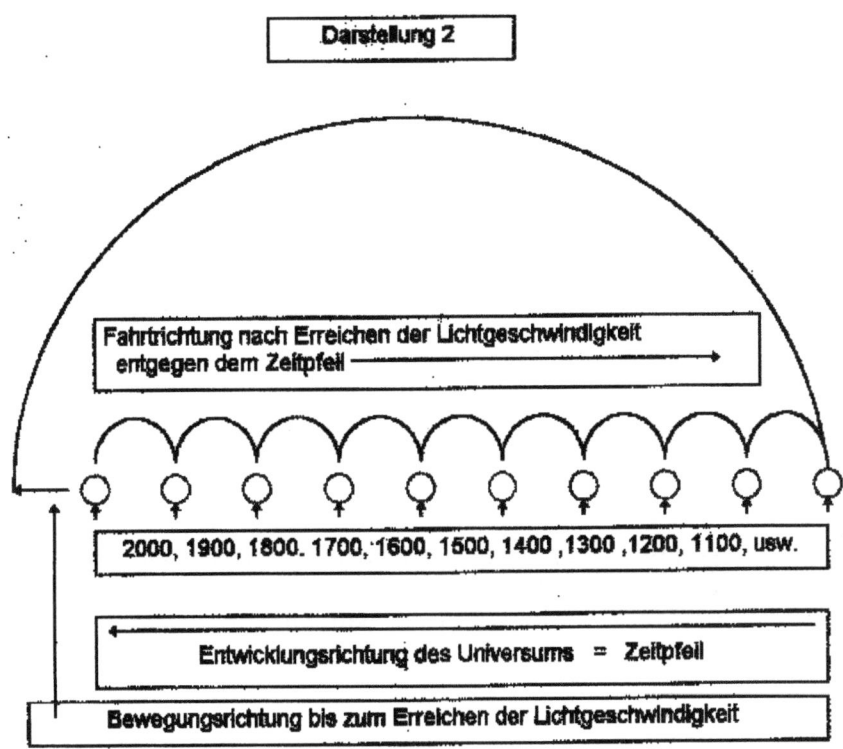

Darstellung 2

Fahrtrichtung nach Erreichen der Lichtgeschwindigkeit
entgegen dem Zeitpfeil ——————————→

2000, 1900, 1800. 1700, 1600, 1500, 1400 ,1300 ,1200, 1100, usw.

Entwicklungsrichtung des Universums = Zeitpfeil

Bewegungsrichtung bis zum Erreichen der Lichtgeschwindigkeit

So, jetzt haben wir uns quasi zweimal rückwärts durch die Zeit bewegt
und sind dabei auf irreale Dimensionen gestoßen. Geschafft haben wir
das durch die Benützung des Überraumes, von dem aus wir unser
Universum, unser Kontinuum also, als verschwindenden Lichtpunkt
gesehen haben. Bevor wir in das Kontinuum der Irrealität eintraten be-
gegnete uns logischerweise etwas ganz ähnliches. Bevor die irrealen
Dimensionen auftauchen konnten mußten wir einen Eintrittsbereich
passieren. Diesen Eintrittsbereich bezeichnen wir am besten anders
als den Überraum. Sagen wir einfach „0-Zone" dazu, schließlich markiert er nur die Öffnung in für uns eigentlich nicht vorhandene Bereiche.
Überraum und 0-Zone liegen also zwischen zwei Welten mit jeweils
vier Dimensionen. Man könnte sie demnach ebenfalls als Dimensionen
bezeichnen. Da sie jedoch nichts weiter als eben Ein- bzw. Austrittsbe-
reiche darstellen, ist es wohl besser sie als keine vollwertigen oder
echten Dimensionen anzusehen. Trotzdem kommen wir jetzt nicht
mehr umhin uns eine grob umrissene Aufstellung der vorhandenen
Dimensionen zu machen.
Ein Kontinuum enthält:

Eine 1. Dimension = Zeit
Eine 2. Dimension = Länge
Eine 3. Dimension = Breite
Eine 4. Dimension = Höhe

| Reales Raum - Zeit - Kontinuum |

Nun nähern wir uns der Lichtgeschwindigkeit und bemerken wie sich die Realität verzerrt. Während unser bekanntes Kontinuum langsam als Lichtpunkt verschwindet (nachdem wir durch den Tunnel der Lichtkrümmung gerast sind), befinden wir uns in

Einer 5. Dimension = Überraum

| Keine echte Dimension |

Nach Überschreiten der Lichtgeschwindigkeit müssen wir uns auf den Wiedereintritt in neue Dimensionen vorbereiten. Vorher durchstoßen wir aber noch eine Eintrittszone die dem Überraum gleicht. Wir bezeichnen sie als

Eine 6. Dimension = 0-Zone

| Keine echte Dimension |

Sie ist der Übergangsstreifen zu Dimensionen, die real für uns nicht existieren und uns, den Zeitpfeil entlang, abwärts führen. Um jedoch unsere, dort gemachten, Beobachtungen nicht ad absurdum zu führen, bezeichnen wir sie als

Eine 7. Dimension = irreale Höhe
Eine 8. Dimension = irreale Breite
Eine 9. Dimension = irreale Länge
Eine 10. Dimension = Nichtzeit

| Irreales Raum-Zeit-Kontinuum |

In der irrealen Welt müssen wir berücksichtigen, daß die Zeit dort ja nicht wirklich vergeht - das Vergehen der Zeit ist von unserer Eintrittsstelle abhängig, nicht vom gültigen Zeitpfeil im Universum (der in diesem speziellen Fall nur für unser mitgebrachtes Kontinuum gilt). Deshalb nennen wir den vorgefundenen, nicht wirklich existenten Ablauf „Nichtzeit". Daß dieser Begriff auch auf den, sich hinter dem Ereignishorizont, im Schwarzen Loch vorgefundenen Zustand paßt ist nicht ganz zufällig, denn auch dort ist keine Zeit vorhanden.

Innerhalb der ersten vier Dimensionen sind die Ereignisse im Raum durch die Zeit getrennt. Bezogen auf den Betrachter sind Naturgesetze wirksam. Läßt man die relativierende Lichtgeschwindigkeit außer acht, dann könnte man sagen, die Welt orientiere sich an feststehenden Verhältnissen (Newton).

Außerhalb der ersten vier Dimensionen geraten wir, bei Überschreiten der Lichtgeschwindigkeit, in die fünfte Dimension, den Überraum. Dort verschwindet der reale Raum um den Betrachter. Ein, auf Lichtgeschwindigkeit beschleunigter Betrachter würde die Realität zuerst als Tunnel, dann als immer kleiner werdenden Ball erblicken. Danach sähe er nichts mehr: er wäre im absoluten Nichts angelangt. Das wiederum käme dem Zustand zwischen den Schöpfungsintervallen gleich - dem Augenblick in dem die alte Minus-Energie auf die neue Plus-Energie umspringt. Man könnte also auch sagen: Die fünfte und die sechste Dimension bilden ebenso eine theoretische Einheit, wie die beiden Seiten der Ursingularität + und - , da der Betrachter bereits im Überraum das Universum quasi „verlassen" hat.

Die letzten vier Dimensionen erklären, wie wir gesehen haben, den Bereich des Irrealen. Sie stellen sozusagen die Erinnerung, des im Schöpfungsintervall programmierten Zeitablaufes (= alles was sich durch den aufwärts gerichteten Zeitpfeil erleben läßt) dar und können, mit den entsprechenden technischen Voraussetzungen, abgerufen werden.

Doch ein Schöpfungsintervall beinhaltet, neben der tatsächlichen Vergangenheit und der sogenannten Gegenwart (erinnern wir uns: Wir sehen nur Dinge die bereits vergangen sind) noch etwas sehr Beachtenswertes, das uns meist sogar mysteriös erscheint - die Zukunft! Was könnte uns im Augenblick dazu einfallen? Was haben wir an unerklärlichen Phänomenen schon behandelt? Richtig - das Diracsche Teilchenmeer. Wie war das doch gleich.......ach ja, bei der Erzeugung eines Photonenblitzes tauchen sogenannte „Geisterteilchen" aus dem scheinbaren Nichts auf um sofort wieder zu verschwinden. Verschwinden sie am Ende „zurück in die Zukunft"? Dieser spannenden Frage gehen wir am besten später auf den Grund.

9

Fragen wir uns noch einmal: Was ist ein Schöpfungsintervall?

Beginnen wir praktischerweise mit der ersten Dimension. Sie bedeutet den Anfang aller Dinge: Das Zeitrauschen. Ihr Gegenstück, die zehnte Dimension zeigt das Ende aller Erscheinungen an (Verwandtschaft mit dem Schwarzen Universum, der Endsingularität). Man könnte sie auch als die Rückseite der ersten Dimension betrachten.

An der Spitze des Zeitpfeiles gibt es eine, örtlich durch das Licht getrennte, Gleichzeitlichkeit, die jedoch nicht wahrgenommen werden kann, weil wir jeden Körper des Raumes nur in seiner Vergangenheit erblicken. (Der Raum ist einer Zeitkrümmung unterworfen: er ist durch die, - oder in der Zeit gekrümmt.) Demgegenüber ist die Singularität des Schwarzen Loches 1. zeitlos und 2. ortlos, also überall und nirgends und stellt ein Minus-Energie-Volumen dar, dessen spätere Umpolung ins Plus ein Neues Universum hervorrufen kann. Solange jedoch ein intaktes Universum besteht bleibt diese Möglichkeit , obwohl vorhanden, ungenutzt = virtuell.

Woran erinnert uns dies? Genau an 1. Das Diracsche Teilchenmeer und 2. an den Begriff Zukunft. Beides ist virtuell: vorhanden, aber nicht genutzt. - Wir erinnern uns jetzt (unbedingt) daran, daß wir gesagt haben, mit dem Einsetzen des Zeitrauschens sei das ganze Universum bereits fertig gewesen. Das **ganze** Universum mit all seinen Kontinuen, seinen Dimensionen, seinen Zeiten. Und dazu gehören selbstverständlich auch Gegenwart, Vergangenheit **und** Zukunft. Der Augenblick der Schöpfung war, sagen wir mal, gleichzeitig und gleichörtlich, bevor er sich, durch die Bewegungen der aufwärts gerichteten Zeitpfeile, in den einzelnen Kontinuen, zu erklären begann.

Sehen wir uns nun einmal anhand einer Skizze an wie ein Intelligentes Wesen (ein eigenständiges, betrachtendes Kontinuum - in unserem Falle heißt das „Mensch") innerhalb seiner Umgebung, seinem Schöpfungsausschnitt, aussieht.

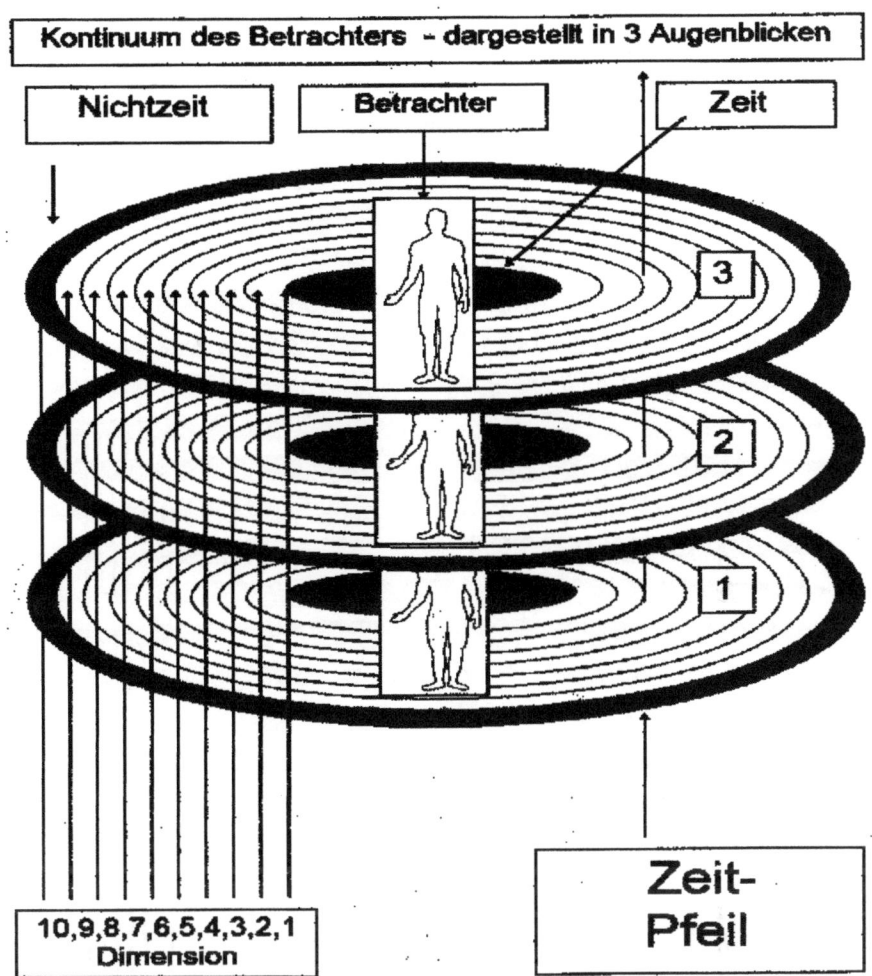

Kontinuum des Betrachters - dargestellt in 3 Augenblicken

Nichtzeit

Betrachter

Zeit

3

2

1

10,9,8,7,6,5,4,3,2,1
Dimension

Zeit-
Pfeil

Nachdem wir uns angesehen haben wie ein Betrachter, schematisch dargestellt, innerhalb seines Schöpfungsausschnittes aussieht, ist es höchste Zeit, daß wir uns die gesamte Schöpfung anhand eines Schaubildes vorstellen.

Die Krümmung des Raumes durch die Zeit veranschaulicht uns das unendliche Universum. Auf einen Blick betrachtet ähnelt es gewisser- maßen unserer Erde als eine Art Kugel, an deren Oberfläche sich der Zeitpfeil aufwärts bewegt. Der Zeitpfeil sagt uns wo das reale Leben gerade stattfindet. Wie Pole symbolisieren die Ursingularität (die be- reits in Plus- Energie umgepolte, ehemalige Minus-Energie) sowie die Endsingulartät (die Zusammenfassung aller Schwarzer Löcher zum Schwarzen Universum) den Anfang und das Ende eines Intervalls.

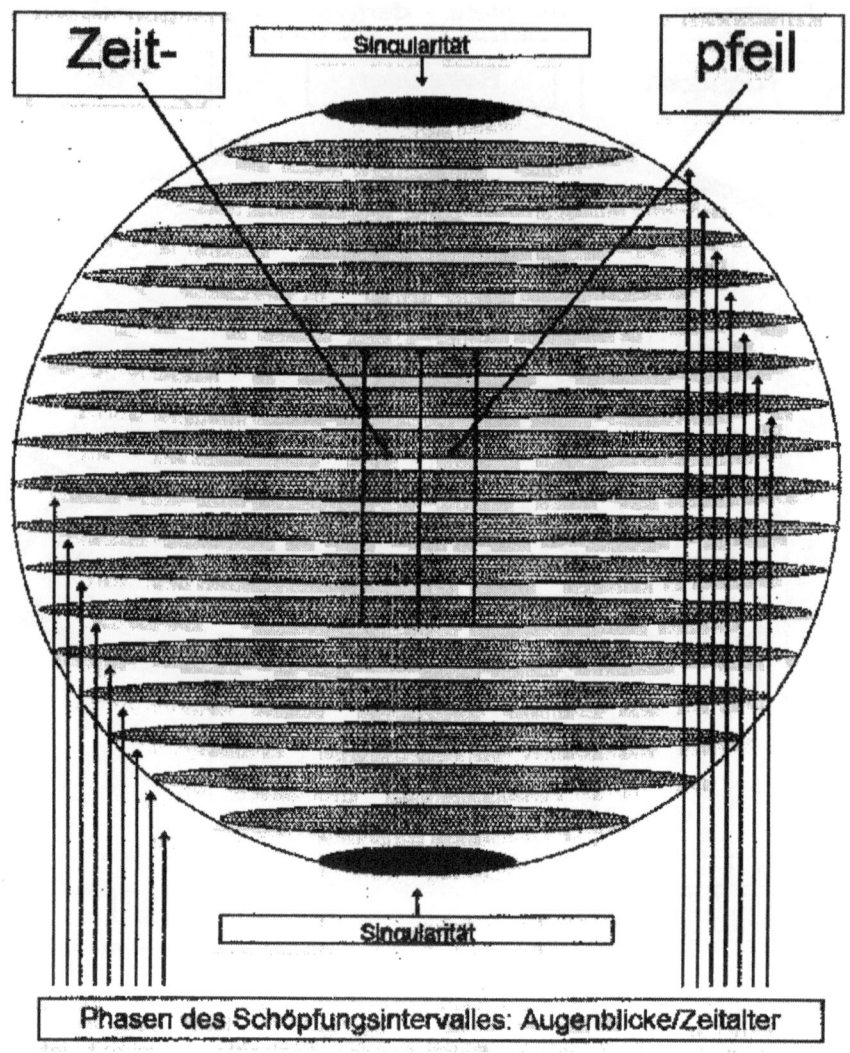

Zeit- | **pfeil**

Singularität

Singularität

Phasen des Schöpfungsintervalles: Augenblicke/Zeitalter

Für alle die mit dieser dreidimensionalen Darstellung nicht ganz zurechtkommen kann auch noch eine zweidimensionale entworfen werden. Dazu muß man sagen, daß es im Grunde egal ist wie der Aufbau des Universums zeichnerisch erklärt wird, da es ohnehin nie ganz treffend sein kann einen zehndimensionalen Vorgang auf zwei oder drei Dimensionen reduziert darzustellen. Wichtig ist eigentlich nur vorrangig die Vorstellungskraft zu bemühen, da die Mathematik hier nur ein ungenügendes Vehikel sein kann.

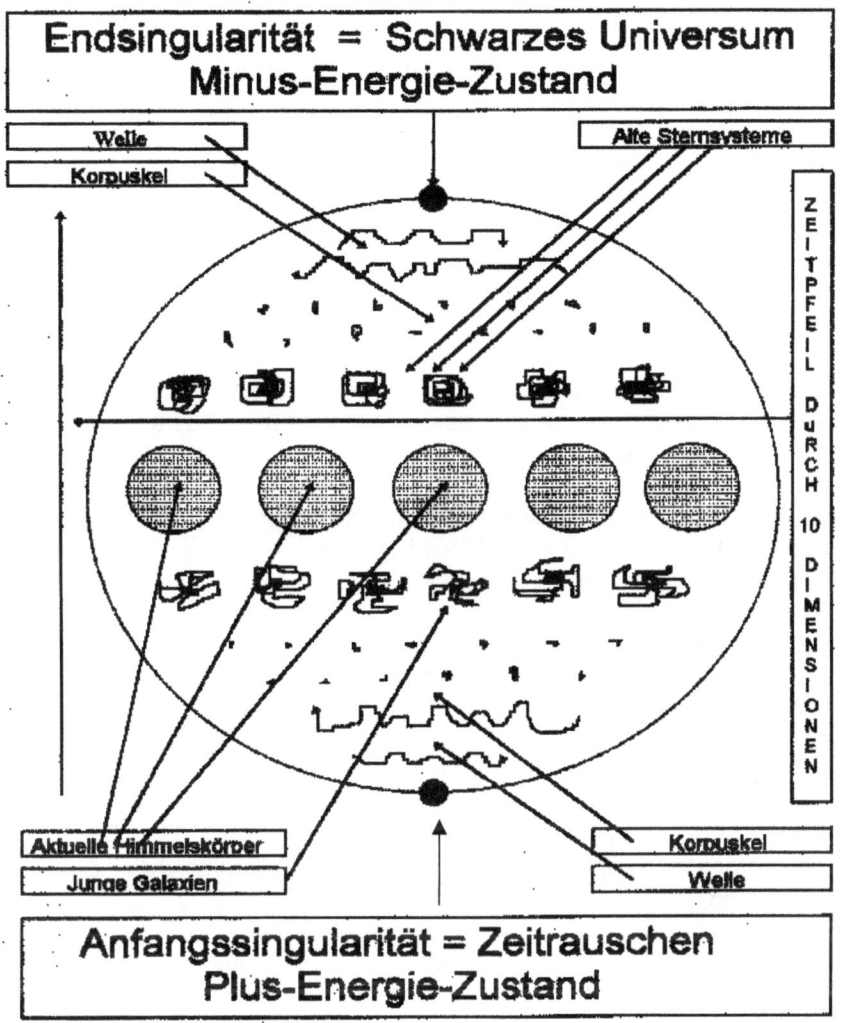

Endsingularität = Schwarzes Universum
Minus-Energie-Zustand

Welle

Korpuskel

Alte Sternsysteme

ZEITPFEIL DuRCH 10 DIMENSIONEN

Aktuelle Himmelskörper

Junge Galaxien

Korpuskel

Welle

Anfangssingularität = Zeitrauschen
Plus-Energie-Zustand

Wenn wir uns jetzt nicht an Einzelheiten festbeißen - die in der Zeichnung lediglich des besseren Verstehens wegen vorkommen - und beispielsweise sagen, das kann ja gar stimmen weil ich erst gestern im Fernrohr ein viel älteres Sternsystem als unseres gesehen habe, dann müßten wir eigentlich bis hierher alles begriffen haben. Bedenken wir gnädig, daß die vorliegende Graphik den Allgemeinzustand des Universums beschreiben soll und nicht etwa auf regional unterschiedliche Entwicklungsstadien eingehen kann.

Zum guten Schluß sei es uns jetzt noch vergönnt zu scherzen. Im Rahmen aller unserer sachlichen Überlegungen haben wir nämlich eines arg vernachlässigt: die Romantik. Nun erlauben wir es uns einfach das Erlernte als eine schöne Allegorie zu wiederholen. Beginnen wir jedoch nicht wie üblich mit „Es war einmal....", sondern bleiben wir - ein bißchen wenigstens - unserer neu angenommenen Frechheit treu und fangen mit einer Frage an. Mit einer Frage, die uns, wenn wir ehrlich sind, schon lange beschäftigt. Sie lautet: „hat das Universum ein Bewußtsein?" Stimmt's?

Die Antwort darauf entnehmen wir, romantisch respektlos wie wir sind der Frage selbst. Ergo verfügt das Universum über Zustände, die sich durchaus Bewußtsein nennen können. Sie befinden sich in seinem Innersten - in uns selbst!
Alle Zustände des Universums zusammengenommen finden sich letztlich im Schwarzen Loch, in der Quintessenz der Materie wieder, die die Vorstufe des Zeitrauschens darstellt.

Was ein Bewußtsein innerhalb des Zeitrauschens erlebt - an was es sich Augenblick für Augenblick erinnert - geht aus der Geschwindigkeit hervor, mit der es unterwegs ist. Bewegt es sich schneller als der Zeitpfeil (Überlichtgeschwindigkeit), dann erinnert sich das Universum für den Betrachter an die weiter als einen Augenblick zurückliegende Vergangenheit: Er befindet sich imaginär in einer fremden Epoche. Dort kann er sich aber nicht lange aufhalten. - Das Fahren mit Überlichtgeschwindigkeit ist ein Ablesen des kosmischen Zeitpfeils Nach unten.

Derjenige, dem es gelingt, das Universum zu „umrunden", der sieht entweder die Kosmischen Zustände in ihren Zeitzonen (= Bereiche der Realität: Raum-Zeit-Kontinuen). Wirklich verlassen könnte ein Betrachter das Universum aber niemals, nicht einmal wenn er ein / der Gott wäre - es sei denn er schaffte sich ein neues.
So - um nun doch noch einmal zu ernsten Überlegungen zurückzukehren, behandeln wir auch dieses Thema kurz und fragen: Wie sieht es aus wenn Gott ein neues Universum erschafft?

Wie wir wissen geht ein neues Universum aus dem Zeitrauschen hervor, dessen Vorstufe die Minus-Energie gewesen ist. Minus-Energie finden wir im Schwarzen Universum, der Endsingularität, aber auch im Schwarzen Loch. Im Schwarzen Loch wird alles was Materie besitzt in

Wellen eingeschmolzen. Die wahrnehmbare Realität endet am Ereignishorizont. Jedes Eindringen eines festen Körpers ist daher unmöglich!

Unserer Phantasie jedoch ist nichts unmöglich. Mit ihrer Hilfe versuchen wir nun auch die Singularität des Schwarzen Loches, ja den Minus-Energie-Zustand des Schwarzen Universums zu durchdringen. Stellen wir uns an die Seite Gottes und versuchen wir uns vorzustellen was er sieht. Und tatsächlich: Da ist es, das neue Universum - ein Wechsel der Welten an der Spitze des Zeitpfeils, der wieder eingeteilt ist in seine zehn Dimensionen. Das wiederholt sich unendlich. Immer wieder begegnet uns ein neues Intervall und innerhalb jedes Intervalls birgt die Zeit den natürlichen Ablauf durch die sich materialisierende Folge von Ereignissen des real + E und irreal - E beschichteten Films. Die Freiheit der Entscheidungen bleibt dabei durch Unkenntnis der Zukunft gewährleistet....Mathematisch ausgedrückt sieht das dann so aus: Masse durch Geschwindigkeit = -E (Ei X Ei = -E) / Masse mal Geschwindigkeit = + E (E = mc²).

Jetzt noch die „Vorschau auf kommende Universen":

Hier ist das vorläufige Ende unserer neu entwickelten und beinahe umfassenden Theorie über die Beschaffenheit, oder die Urkraft des Universums erreicht. Beinahe umfassend ist sie deshalb weil wir einen wichtigen Bestandteil der Zeit - die, wie wir gesehen haben, so etwas wie ein einheitliches Kraftfeld im Kosmos bildet - ausgelassen haben. Sie, die Zukunft, wollen wir deshalb in einem eigenen Kapitel behandeln.

Bevor wir jedoch „Die Urkraft des Universums" abschließen erinnern wir uns noch an ein paar Worte des großen Astrophysikers Stephen Hawking: „Eine Theorie existiert nur in unserer Vorstellung und besitzt keine andere Wirklichkeit". Daraus dürfen wir getrost entnehmen, daß die Vorstellungskraft Vater / Mutter aller Dinge ist. Und sie ist es auch mit deren Hilfe wir einen Beitrag zur Überwindung archaischer Rituale liefern und unsere Moral revolutionieren können, wenn wir es nur wollen - und es auch niemandem neiden, der es kann. Stoßen wir also die Türen zum Fortschritt auf!................

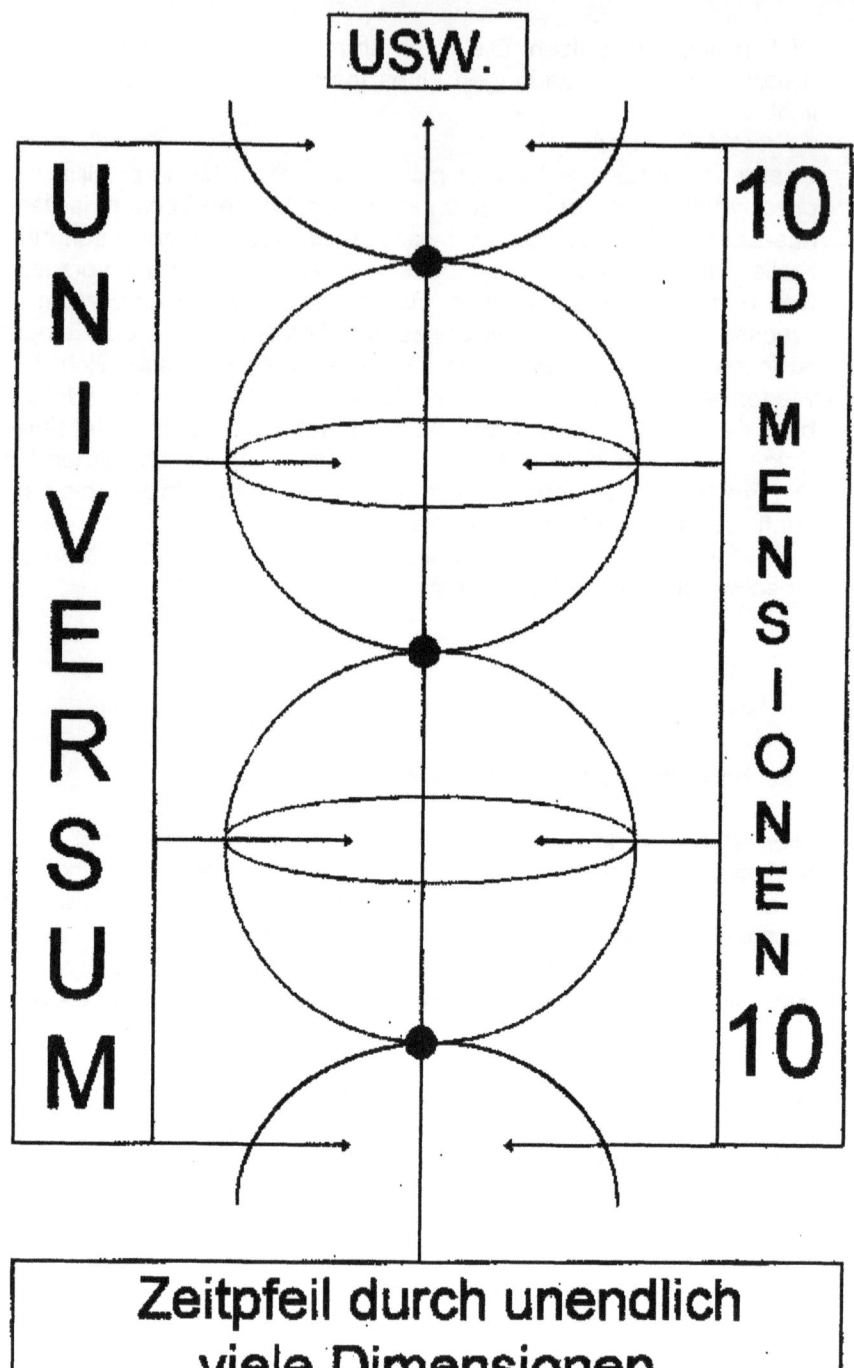

USW.

UNIVERSUM

10 DIMENSIONEN 10

Zeitpfeil durch unendlich viele Dimensionen

2.
Teil

Die Zeitwalze

1

Im ersten Teil unserer umfassenden Überlegungen (Die Urkraft des Universums) haben wir gelernt, daß die Zeit - das uns umgebende Kraftfeld - aus drei Grundelementen besteht: aus der Gegenwart, der Vergangenheit und der Zukunft.

In den, von uns als „Gegenwart" bezeichneten Augenblicken bewegen wir uns und dort gelten auch die, von uns festgesetzten Physikalischen Gesetze.

Die Vergangenheit können wir besuchen, wenn es uns gelingt die Lichtgeschwindigkeit zu überschreiten (was einer Umkehrung des Zeitpfeils entspricht).

Die Zukunft, haben wir gesagt, ist absolut virtuell und daher zunächst überhaupt nicht zugänglich. Was aber sollen wir uns in diesem Zusammenhang unter dem Begriff „Virtuell" eigentlich vorstellen?

Um das herauszufinden befassen wir uns am besten zuerst einmal mit uns selbst......

Bei einem Embryo bestehen 80% der wahrgenommenen Existenz aus Träumen. Das nehmen jedenfalls Kapazitäten des einschlägigen Forschungsgebietes an. Später, im Erwachsenenalter verschiebt sich das Traum-wach-Verhältnis zugunsten des Wachbewußtseins.

Da die Wissenschaft immer noch nicht ganz genau weiß was Träumen ist, versuchen wir jetzt eben selbst verschiedenes durchzuspielen. - Angenommen es gäbe ein Kosmisches Urbewußtsein, stünde es dann in **direktem** Zusammenhang mit der uns zugänglichen Verstandeslogik? Und: Können wir dieses Kosmische Urbewußtsein anzapfen?

Beachten wir aufmerksam worauf es unseren Träumen ankommt.
Richtig - nur auf das unverfälscht emotionelle Erleben. Träume lügen nicht.
Außerdem dürfte es bisher keinen Träumer gegeben haben, der Traumsituationen durch Verstandesleistungen abgeändert hat.
In unseren Träumen geht es um intuitive Emotionen, die unmittelbar in eine Handlung münden. Die Ursachen, der meist sehr intensiv erlebten Geschehnisse sind dem bewußten Teil unseres Selbst meist unbekannt.

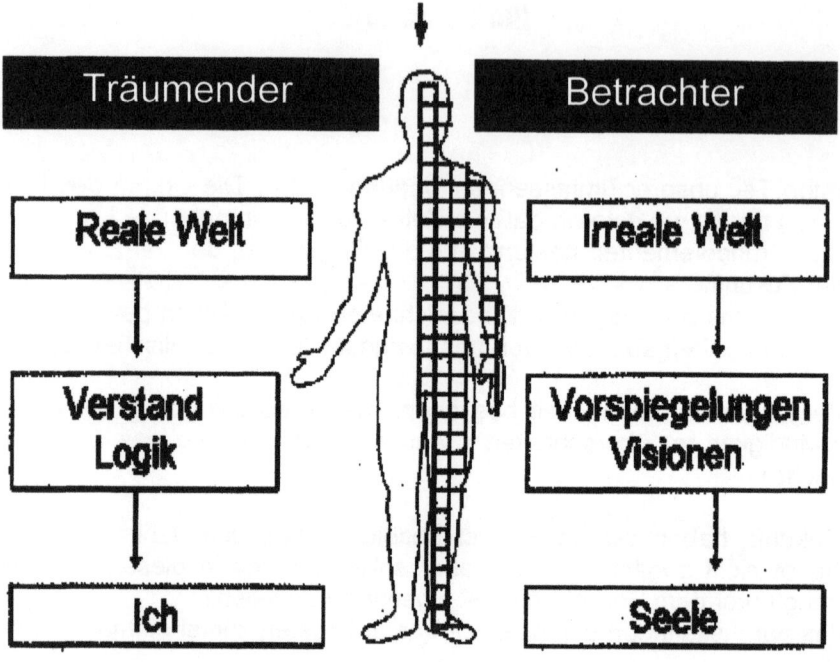

	Träumender		Betrachter	
	Reale Welt		**Irreale Welt**	
	Verstand Logik		**Vorspiegelungen Visionen**	
	Ich		**Seele**	

Wer beim Lesen des obigen Absatzes ganz genau aufgepaßt hat, dem ist leider etwas ganz entscheidend Wichtiges aufgefallen: Leider deshalb, weil diese Entdeckung den geplanten Inhalt unseres Schriftstükkes völlig verändert.

Ist uns nicht aufgefallen, daß es auch schwer ist einen Erfolg im Wachbewußtsein als reine Verstandesleistung zu definieren, also von solchen Dingen wie Intuition oder Instinktlogik völlig abzugrenzen? Folgt draus nicht, daß – ganz kraß formuliert – unser, als so unabhängig und logisch defierter Verstand eigentlich noch nie allein in der Lage war etwas neues zu erfinden, bzw. zu gestalten?

Fanden Erfinder oder Künstler nun ihre Werke, oder haben sie diese erdacht? Ist der Vorgang den man „Intuition" nennt womöglich nur ein Anzapfen des kosmischen Urbewußtseins - in dem vom Rad bis zur Relativitätstheorie bereits alles schon immer gespeichert war und ist?. Können die verborgenen Inhalte dieses Urbewußtseins je nach der genetischen Entwicklungsstufe eines Gehirns gedanklich nachvollzogen werden? Ja, wie funktioniert das mit dem Zusammenspiel der drei Zeitkomponenten Gegenwart, Vergangenheit und Zukunft denn? Um zu begreifen müssen wir uns nun von unseren Gefühlen verabschieden und uns auf das Gebiet der reinen Abstraktion vorwagen.

Halten wir uns einmal vor Augen wie eine Zeitung erstellt wird. Das Papier läuft über eine Druckwalze: Zwei Kreisläufe begegnen sich............

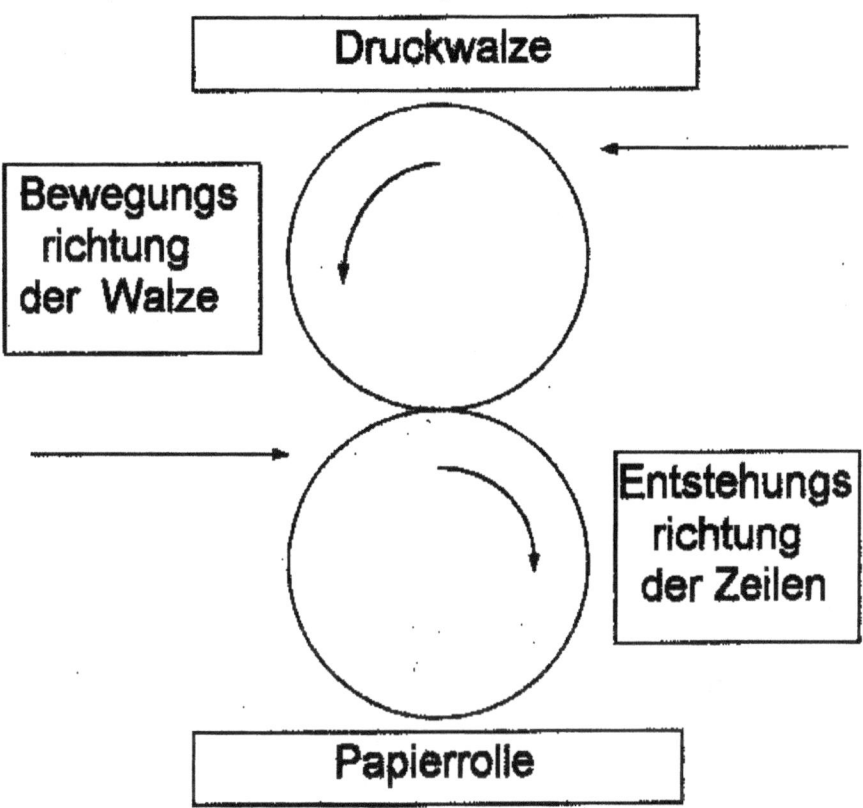

Nehmen wir nun, der Einfachheit halber, an, die Druckwalze habe nur Schwärze für eine Umdrehung. Danach wäre sie wieder blank. Dann trüge sie auf dem Teil, der erst in Zukunft den Kontaktpunkt mit der Papierrolle berührt noch alle Informationen inform geschwärzter Buchstaben. Alle Teile der Druckwalze die die Papierrolle bereits berührt haben könnte man als vom Papier „leergelesen" bezeichnen.
Umgekehrt verhielte es sich beim Papier. Der Teil welcher noch nicht mit der Druckwalze in Berührung gekommen ist wäre unbeschrieben.

Der Vergangenheitsteil der Rolle trüge jedoch die von der Druckwalze übernommenen Buchstaben als verewigten Lesestoff.

Ganz neutral betrachtet könnte man jetzt auch sagen: Der Lesestoff ist eigentlich zweimal vorhanden - einmal in Spiegelschrift auf der Druckwalze (unleserlich = Zukunft) und einmal auf der Papierrolle (gut lesbar = Vergangenheit). Die Information hat also nur ihren Träger gewechselt.

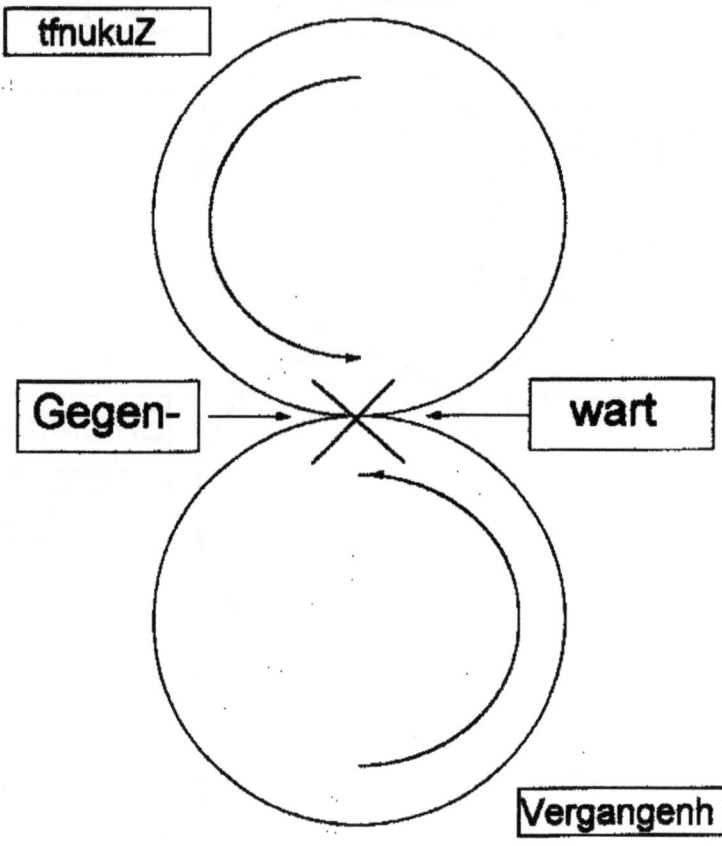

Weil wir alles immer ganz genau verstehen wollen, setzen wir jetzt anstelle von Druckwalze und Papierrolle einen Filmstreifen ein, der unsere Vorstellung vom fertigen Film verkörpert, und einen Filmstreifen, der unsere Erinnerung darstellt, ein. An den Berührungspunkten beider Streifen, sagen wir, setzt die Entwicklung des Erinnerungsfilmes durch den Vorstellungsfilm ein. Wir bezeichnen ihn entweder als Entwicklungsbad oder einfacher als: Gegenwart. Solange der obere Teil nicht entwickelt wird ist er **noch** für niemanden sichtbar (natürlich gilt das in gewissem Sinne auch für den unteren Teil, der schon angesehen werden konnte - er ist nicht **mehr** sichtbar). Der einzige wirklich reale Teil beschränkt sich also auf die Gegenwart, auf jenen winzigen Punkt zwischen den Filmstreifen an dem quasi jedes einzelne Bildchen des Filmes von einem Streifen zum anderen springt - aus der Vorstellung in die Realität , von wo aus es schließlich in die Erinnerung weitergleitet. Wenn wir nun den eben beschriebenen Vorgang mit der von uns erlebten Schöpfung vergleichen und aus derselben andere Begriffe für unser Spiel mit dem Film übernehmen, dann müßten wir eigentlich sagen: Der Film ist zuerst virtuell vorhanden, taucht aus dem Nichts auf und bleibt schließlich in der Erinnerung zurück.

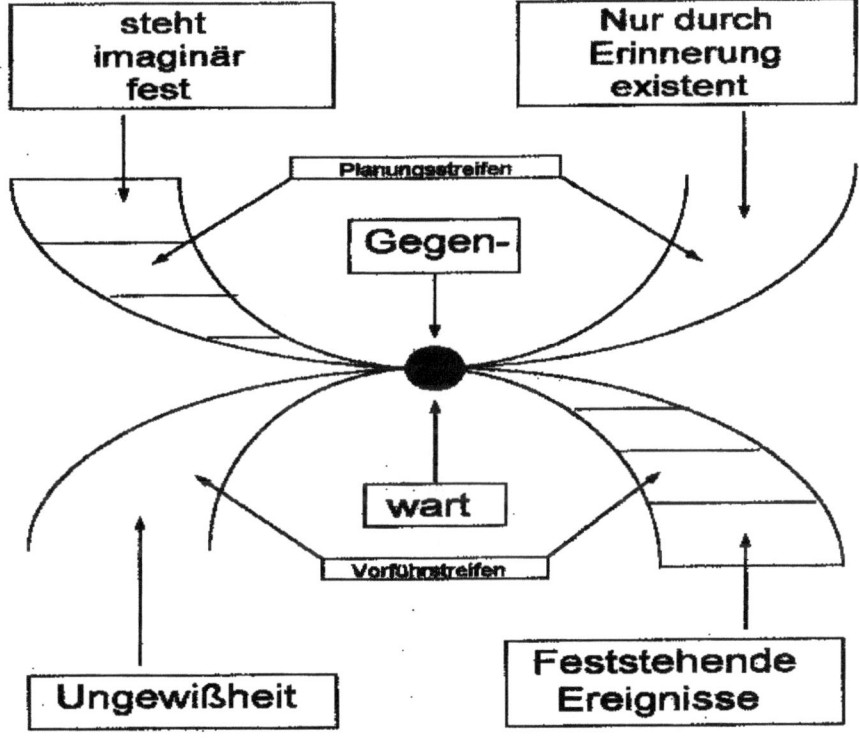

3

Natürlich beschäftigt uns jetzt die Frage, wie lese ich Informationen aus der Zukunft schlüssig - also nicht nur durch Ahnungen - ab? Aber für eine Antwort darauf sind wir noch nicht bereit. Von der überlicht-schnellen Zeitreise her (siehe „Die Urkraft des Universums") wissen wir, daß wir uns von der Gegenwart aus in die Vergangenheit begeben können. Dort können wir jedoch als Temponauten - und somit als An-gehörige eines fremden Raum-Zeit-Kontinuums - nichts ausrichten, da wir uns ja nur imaginär in der Vergangenheit (einem für uns irrealen Bereich) befinden. Wir würden also quasi das Stück der Druckwalze befahren, das keine Druckfarbe mehr hat, oder den Teil des Planungs-streifens auf dem sich keine Bilder mehr befinden, weil sie längst nach unten gewechselt sind - und von dort aus die unter uns verlaufende Zeitung oder Vorführrolle erblicken.

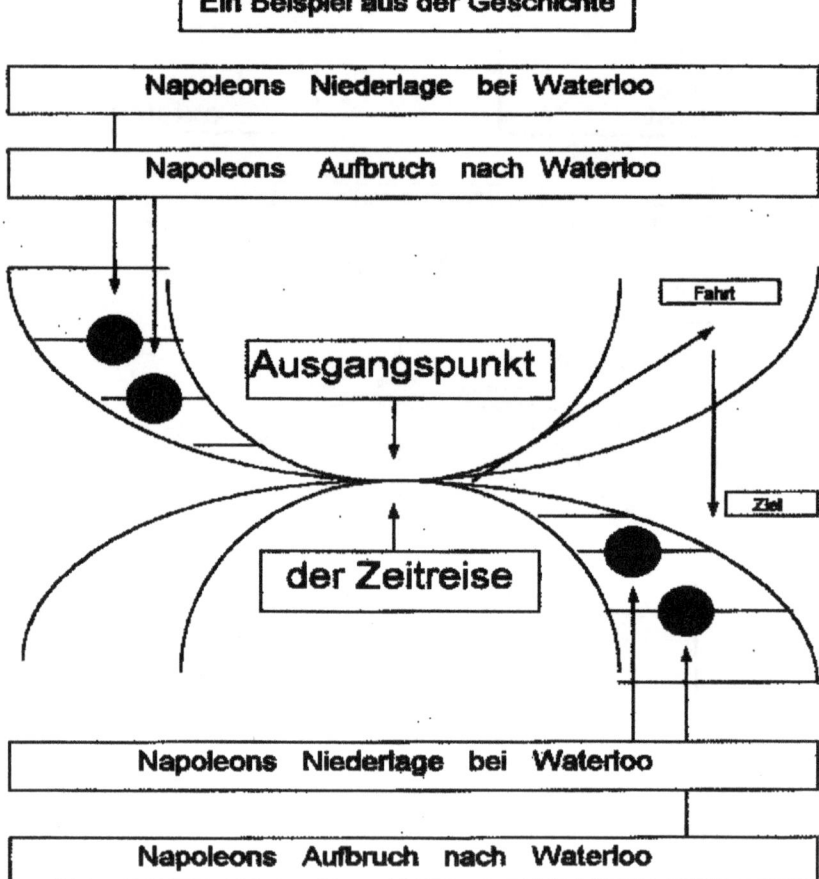

Das bedeutet: Wir könnten zwar Napoleon in seiner Unterkunft einen Tag vor der Schlacht bei Waterloo aufsuchen um ihm den Rat zum Rückzug zu erteilen. Zurückgekehrt würden wir dann aber wieder in den Geschichtsbüchern von seiner Niederlage lesen. Es würde sein, als wären wir nie dort gewesen.

Napoleon hat uns, wenn überhaupt, nur als Vision erlebt, die er (zwangsläufig) wieder vergaß oder nicht richtig zu deuten wußte. Vielleicht aber handelte er ja sogar aus dem intuitiven Zwang heraus sein Schicksal vollenden zu müssen.

Napoleon konnte mit unserem gut gemeinten Tip vor allem deshalb nichts anfangen weil er (der Tip) nicht aus seiner Realität, seinem Raum-Zeit-Kontinuum kam. Das Bewußtsein des Feldherrn war also ausschließlich von seiner Zeit abhängig.

Was folgt daraus? Daraus folgt, daß ein Lebender über eine gespaltene Existenz verfügen müßte, die alle Bereiche der Schöpfung in sich einbeziehnt - auch die virtuelle! Nur dann wäre es ihm möglich einem „Traum" ebensoviel Beachtung zu schenken wie der „Wirklichkeit".

Er müßte also nicht nur die Krümmung der Zeit, zurück in die Vergangenheit umgehen, sondern auch in das virtuelle Teilchenmeer eintauchen können. Doch wie könnte er dies bewerkstelligen?

Beschäftigen wir uns noch einmal mit diesem (Diracschen) Teilchenmeer: Beim Aufeinandertreffen eines Positrons mit einem Elektron entsteht ein Photonenblitz, aus dessen Explosionsvakuum völlig unbekannte Teilchen auftauchen. Diese Teilchen verschwinden nach Sekundenbruchteilen wieder. Wohin verschwinden sie?

Die Tatsache, daß sie sich in unserer Zeit nicht halten können - also auch nicht als Vergangenheit registrierbar sind - sagt uns, daß sie mit der Gegenwart nichts zu tun haben können. Haben sie mit der Gegenwart **noch** nichts zu tun? Sehr wahrscheinlich!

- Es sind demnach wohl oder übel Bestandteile eines, noch in der Entwicklung befindlichen Vorganges. Anzeichen für die Druckwalze also, oder für den zwar belichteten, aber noch nicht entwickelten Film der Zeit. Logisch, daß sie hier noch nichts zu suchen haben: Ihre Gegenwart kommt erst noch.

Ganz kluge Zeitgenossen könnten uns jetzt fragen: „wieso macht ihr euch eigentlich Gedanken darum wie eine Zeitreise in die Zukunft funktionieren könnte? Wie das geht hat uns doch schon Einstein erzählt". Dummerweise hätten diese Leute auch noch auf gewisse Art recht.

Aber was hat uns nun Einstein erzählt? - In etwa hat er gesagt: „wenn sich ein Betrachter mit annähernder Lichtgeschwindigkeit von der Erde entfernt um später wieder zu ihr zurückzukehren, dann ist auf der Erde inzwischen mehr Zeit vergangen als im Raumschiff des Betrachters".

Das stimmt natürlich. Wer mit annähernder Lichtgeschwindigkeit vereist, in dessen Kontinuum gehen die Uhren langsamer, das haben wir schon anfangs unserer Überlegungen durchgekaut.

Wenn er zurückkehrt können also alle ihm bekannten Menschen bereits verstorben sein. Es kommt nur darauf an, daß er lange genug mit einer Geschindigkeit unterwegs war, die sich nahe der Lichtgeschwindigkeit bewegte.

Das heißt, er ist in die Zukunft gefahren - oder? Ja, aber auch nein. Die Zukunft anderer Menschen hat er erreicht, die eigene nicht. Kann man seine Reise also wirklich als eine Reise in die Zukunft bezeichnen? Eher nein.

Warum nicht? - Weil Zukunft immer ein virtueller Bereich ist, genauso wie Vergangenheit immer ein irrealer Bereich ist. Nur wer bei einer Zeitreise den aufwärts gerichteten Zeitpfeil negiert (ihm entgegen fährt oder ihn überholt) darf von einer echten Zeitreise sprechen (und die führt immer in die Vergangenheit).

Davon abgesehen hätte eine Reise in die Zukunft anderer ohne die Möglichkeit zur Rückkehr in unsere vertraute Umgebung gar keinen Sinn. Wir hätten dabei zwar ein Abenteuer erlebt, aber im Grunde doch nur unsere Energien verschwendet.

Der Ausgangspunkt unserer Reise in die Zukunft darf also einfach nicht in den irrealen Bereich abdriften und ebensowenig darf die Zukunft nach unserer Rückkehr mehr sein als eine virtuelle Welt. Nur so können wir aus den gemachten Erfahrungen „Kapital" schlagen.

Sehen wir uns also an wie eine Zeitreise in die Zukunft nicht funktionieren sollte, wenn wir aus ihr etwas für die Gegenwart dazulernen wollen.

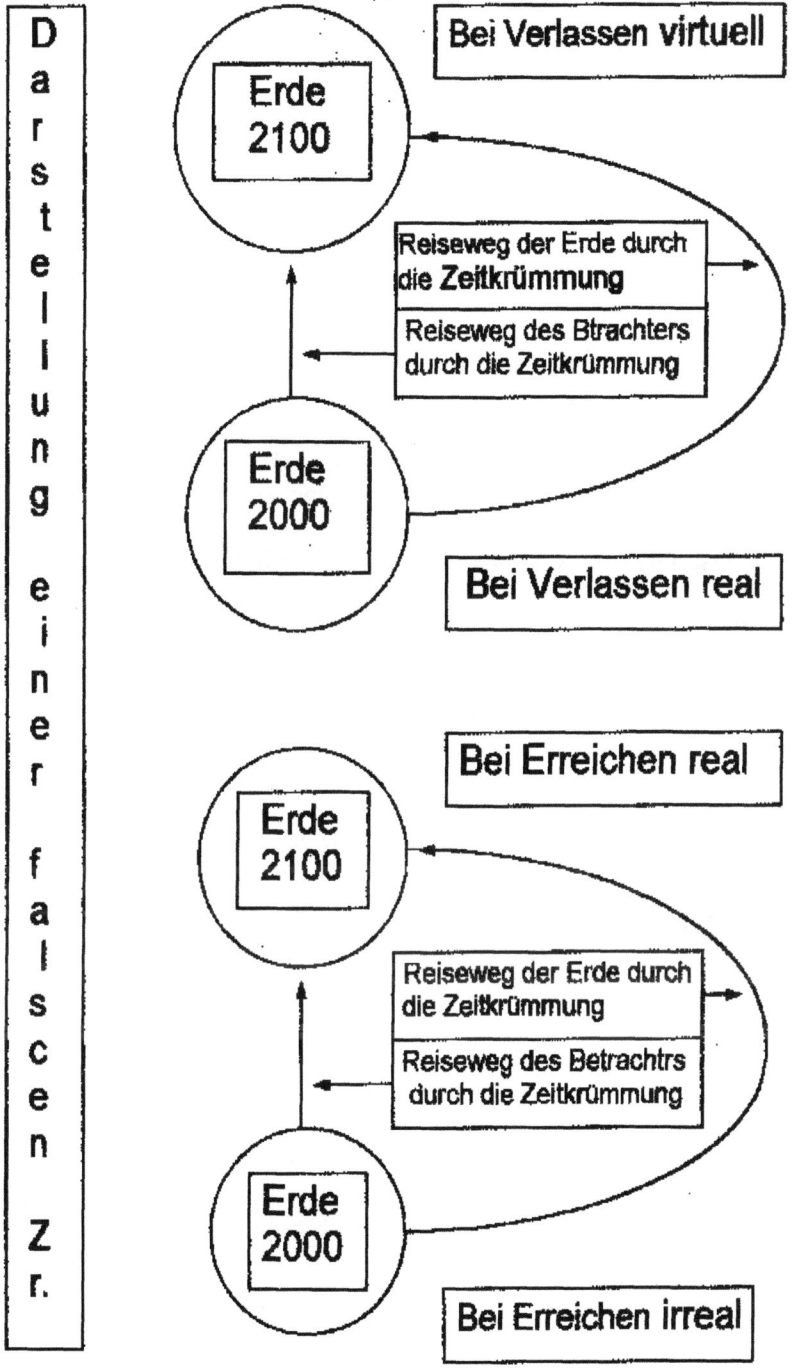

Darstellung einer falschen Zr.

Bei Verlassen virtuell

Erde 2100

Reiseweg der Erde durch die **Zeitkrümmung**

Reiseweg des Btrachters durch die Zeitkrümmung

Erde 2000

Bei Verlassen real

Bei Erreichen real

Erde 2100

Reiseweg der Erde durch die Zeitkrümmung

Reiseweg des Betrachtrs durch die Zeitkrümmung

Erde 2000

Bei Erreichen irreal

Das größte Hindernis für eine tatsächliche Zukunftsreise ist also, genau betrachtet der Zeitpfeil. Er bildet die Erlebnisspitze aller machbaren Erfahrungen.

Immer dort, wo er in die Zukunft eintaucht beginnt die Gegenwart. Alles, was darüber ist, befindet sich im virtuellen Bereich - und könnte demnach nur über das Schwarze Loch erreicht werden, hinter dessen Ereignishorizont sich die Zukunft des Universums (Minus-Energie-Volumen), zugleich aber auch der Sammelbereich aller verbrauchten Lebensenergien befindet. - Wow! Wie soll das verstanden werden??

Zugegeben, zum guten Schluß unserer wahrhaft welterklärenden Überlegungen müssen wir noch einmal alle Phantasie aufbringen, die wir zur Verfügung haben. Aber das wird sich lohnen.

Gehen wir noch einmal mutig davon ab, den gegenwärtigen Stand unserer Technik als zwingend anzusehen. Machen wir uns freie Vorstellungen, die von jedem, im Augenblick denkbaren technischen Stand unabhängig sind und tauchen wir ein in eine Märchenwelt, die allein in der Lage sein wird, uns die Wirklichkeit näherzubringen: Die Wirklichkeit in der wir leben könnten.

Napoleon, haben wir gesagt, konnte uns nicht verstehen, weil er sein Schicksal erfüllen mußte. Jetzt fügen wir noch hinzu: Und weil es nur Napoleons Abbild war, das wir trafen (nicht er selbst). Die reine Energie seiner Existenz befindet sich nicht in der Vergangenheit, denn sie hat ihn, beim Eintritt seines Todes verlassen und sich in den virtuellen Bereich zurückgezogen = sie ist - von uns aus gesehen - weniger als Nichts geworden und hält sich nun überall und nirgends (sprich „im Jenseits") auf. Sein Zustand kann mit dem eines Sterns verglichen werden, der ins Schwarze Loch gerissen und zur Singularität gemacht wurde.

Nur sein äußeres Erscheinungsbild ist auf der Zeitspur, in der Erinnerung, in der Geschichte, zurückgeblieben. Für Napoleon existiert also kein Zeitpfeil mehr - er hält sich nicht auf der Spitze aller machbaren Erfahrungen auf.

An dieser Stelle erinnern wir uns noch einmal..... Bei der Entstehung des Universums beginnt sich der (von Minus in Plus) umgewandelte Urgedanke (= Urbewußtsein) durch sich selbst (durch seine Vorstellungen) zu leben. Dadurch entsteht die Realität oder anders gesagt der Zeitpfeil, der nichts weiter als die Wahrnehmung des Urbewußtseins bedeutet.

Aus Nichts, oder aus weniger als Nichts sogar, ist nun sozusagen eine Illusion entstanden, die ihre physikalischen Gesetze in unzähligen Variationen manifestiert, wobei die Ausschließlichkeit des bestimmenden

Zeitpfeiles das stärkste aller Gesetze darstellt. Und genau hier liegt die Lösung des Geheimnisses für eine wirkliche Reise in die Zukunft: In der Brechung der Vorherrschaft des Zeitpfeiles.

Um dies zu bewerkstelligen bedarf es Kräfte, die für uns im Augenblick unvorstellbarer sind - was uns jedoch nicht davon abhalten darf ihre Auswirkungen theoretisch aufzuspüren. - Natürlich haben wir es längst geahnt: Um einen Zeitpfeil zu negieren brauchen wir keine allesvernichtende Explosion, sondern? Richtig - die Auschließlichkeitsansprüche eines Zeitpfeils bricht man besten mit einem zweiten.
Und wie macht man das?
Nun, das macht man zunächst einmal mit Phantasie und später dann mit der entsprechenden Technik (wenn es ihr gelungen ist, bis zu unserer Phantasie aufzuschließen). Sofern es uns gelingt, neben unseren allumfassenden Überlegungen auch noch ehrlich zu sein, fällt uns sofort noch etwas dazu ein. Nämlich, daß es immer schon Menschen gegeben hat, die, zumindest für Augenblicke, diesen zweiten Zeitpfeil **improvisieren** konnten. Denken wir beispielsweise nur einmal an Nostradamus oder an große, visionäre Künstler, an zukunftsweisende Physiker oder an Erfinder.

Die Worte „zukunftsweisend" oder Er-"findung" nehmen vorweg, was wir jetzt denken sollten: Es war schon alles irgendwie und vor allem irgendwo vorhanden - es mußte nur darauf verwiesen, es mußte nur gefunden (erfunden) werden.

Auf der Suche nach dem Ursprungsort des Vorhandenen stoßen wir nun wieder auf das große Energiereservoir der anderen Art: auf das Minus-Energie-Volumen, welches sowohl die, noch nicht umgepolte Ursingularität (= Urgedanke), wie auch Das Schwarze Universum darstellt. In diesem Bereich können wir **sämtliche**, die Schöpfung betreffenden Informationen finden. Aber natürlich finden wir darin nicht nur sämtliche Informationen, sondern auch sämtliche Energien. Auch die verbleibenden Energien der Verstorbenen, die sich von ihren Abbildern getrennt haben. Sollte es uns je gelingen, eine solche Verstorbenenenergie aus dem gesamten Minus-Energie-Volumen zu extrahieren (einen Teil aus dem Urbewußtsein zu entnehmen), dann hätten wir einen zweiten Zeitpfeil geschaffen.

Was dieser zweite Zeitpfeil nun bewirken würde ist klar. Es existierte nicht nur mehr eine Realität, da nun bereits in zwei Bereichen eine aktive Lebensteilnahme gewährleistet wäre (zwei Gegenwarten). Und was daraus folgen könnte ist phänomenal: Die, in einem bestimmten Buch angekündigte, „Auferstehung des Fleisches" am Jüngsten Tag.

„Jüngster Tag ist hier gleichzusetzen mit dem Ende eines geregelten Zeitablaufes, der durch die Existenz unzähliger Zeitpfeile, überflüssig geworden wäre: **Ein beliebiger Wechsel zwischen den einzelnen Zeitzonen** - wahrscheinlich auch zwischen den Kontinuen - **wäre damit möglich geworden.**

Und damit haben wir auch schon alles menschenmögliche getan und brauchen unsere Gedanken nur noch durch eine kleine, hilfreiche Skizze verdeutlichen.

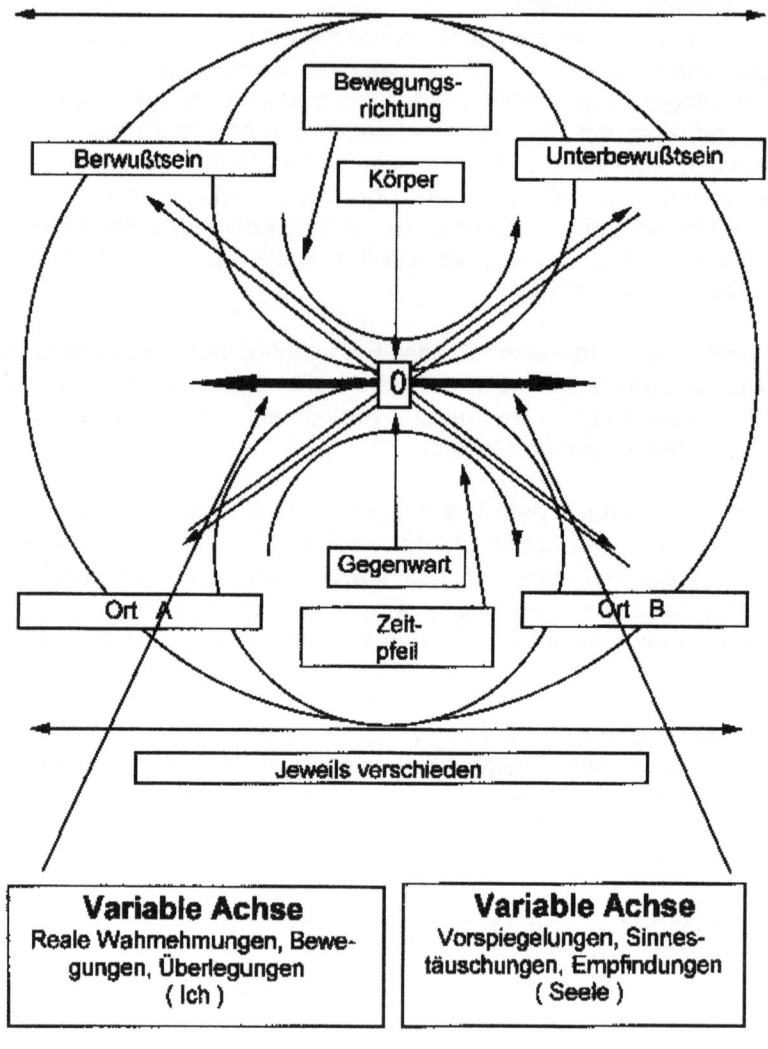

Zum Schluß

möchte ich noch allen danken, die einen maßgeblichen Anteil am Zustandekommen dieses Büchleins haben. Das sind meine Frau Susanne, die mir mit Rat und Tat zur Seite stand, sowie mein Freund und Mitarbeiter Roland Walter, dessen Aufgabe es einerseits war, mich in jahrzehntelangen Nachforschungen sachkundig zu unterstützen, sowie andererseits dafür zu sorgen, daß ich sporadisch auftretende Fehlschlüsse rechtzeitig verwarf.

Entstanden ist der 1. Teil „Die Urkraft des Universums" der Theorie in der Nacht des 4.1.1991. Der 2. Teil „Die Zeitwalze" kam im August 1996 auf Anregung Roland Walters hinzu. Im November 1999 wurde der Text noch einmal etwas leichter verdaulich gestaltet und dem Roman „Vrolog" hinzugefügt.